轻松度过青春期

中学生心理辅导实用手册

马志国 著

CS | 湖南人民出版社·长沙

本作品中文简体版权由湖南人民出版社所有。
未经许可，不得翻印。

图书在版编目（CIP）数据

轻松度过青春期：中学生心理辅导实用手册 / 马志国著. —长沙：湖南人民出版社，2023.12
ISBN 978-7-5561-3294-2

Ⅰ.①轻… Ⅱ.①马… Ⅲ.①心理健康—教育研究—中小学 Ⅳ.①G444

中国国家版本馆CIP数据核字（2023）第145592号

轻松度过青春期：中学生心理辅导实用手册
QINGSONG DUGUO QINGCHUNQI: ZHONGXUESHENG XINLI FUDAO SHIYONG SHOUCE

著　　者：	马志国
出版统筹：	陈　实
监　　制：	傅钦伟
资源运营：	湖南中教出版传媒有限公司
责任编辑：	张玉洁
特邀编辑：	刘　缘
产品经理：	冯紫薇
责任校对：	夏丽芬
封面设计：	董严飞

出版发行：湖南人民出版社有限责任公司［http://www.hnppp.com］
地　　址：长沙市营盘东路3号　　邮编：410005　　电话：0731-82683357

印　　刷：长沙市井岗印刷厂
版　　次：2023年12月第1版　　　　　　印　　次：2023年12月第1次印刷
开　　本：880 mm × 1230 mm　　1/32　　印　　张：9.375
字　　数：132千字
书　　号：ISBN 978-7-5561-3294-2
定　　价：52.00元

营销电话：0731-82221529（如发现印装质量问题请与出版社调换）

序

懂中学生，从懂心开始

请看，下面两个教育案例是否似曾相识？

一个小学男孩，素有"淘气大王"之称，让原来的班主任很是头疼。然而，五年级的时候换了班主任，不知怎么搞的，男孩竟变得懂事起来，不仅做了很多帮助同学、维护班集体的好事，而且期末的时候还评选上了三好学生。出现这样的反差，是原来的班主任不负责任吗？不，原来的班主任不仅带班很负责，而且为这个男孩也付出了很多心血。那么，这到底是为什么呢？我们不妨先再看一个案例。

一个中学女孩，可算是班上的"学习尖子"，物理成绩更是长期稳居班级第一。然而，由于初三的时候女孩所在的班级换了一位物理老师，女孩的物理成绩竟直线下降到了中游偏下，也因此，女孩最终没能考进当地人眼中的重点高中。发生这样的"惨剧"，是后来这位物理老师教学不认真吗？不，后来的这位物理老师不仅教学很认真，而且对这个女孩也非常关注和器重。那么，这又是为什么呢？

近些年，我常接受邀请去各地讲座，为老师、家长朋友讲解青春期学生心理。不久前，在一次讲座中，我再次提到上述案例并提出问题：为什么男孩的品行会如此变化？为什么女孩的成绩会如此起伏？为什么学生常常会出现诸如此类的情况？现场听众议论纷纷，并无定论。

细究起来原因固然很多，但是，从本质上来说，两个案例中"教育状况"的出现都源于我们摸不透中学生的心理，没能真正走进青春期孩子的心灵深处。

青春期是人由"儿童身份"转换至"成人身份"的过渡时期，处于这一时期的中学生会经历身体上的发育和心理上的发展，因此他们往往会表现出各种各样的"问题"。在此期间，无论是教师朋友的教学行为，还是家长朋友的教育行为，甚至是路人"甲乙丙丁"与中学生的日常接触、交往行为，要想取得好效果，懂孩子、理解孩子、走进孩子的心，都是不可或缺的心理前提。只有在日常的交际互动中，走进孩子心灵深处，我们的一言一行，乃至一颦一笑，才会如春风化雨点点入心，获得孩子积极的心灵回应，促使他们的身心健康发展。所以，论起好老师、好家长的功夫，虽说列出个千条万条毫不夸张，但最关键的真功夫应当是：读懂孩子的心，走进孩子心灵深处。

我们都想做孩子称职的引路人、可靠的陪伴者，都想走进孩子心灵深处。为此，我们才在这本书中相逢。

由于工作特点，我有幸走进过许多中学生的心中，倾听过他们心灵深处的故事，也因此能通过本书向诸位介绍一点经验。

在这本书中我们会看到，原来青春期的孩子，其心灵深处有那么多的奥妙，有那么多的新奇，有那么多的未知，有那么多的误区，有那么多的迷惘……

作为本书的特色，书中每个话题都分为两大部分。

第一部分为"心理案例"。

这部分是依据真实心理咨询故事，从几个方面精选的典型案例。案例叙述突出体现这样几个特点：一是有故事、有人物、有情节，极具可读性；二是有诊断、有分析、有答疑，确保科学性；三是有建议、有方法、有对策，讲究实用性。在案例叙述中，遵照心理咨询的准则，除本人同意以实名出现在我文中的求询者外，我隐去了当事人的姓名、住址等背景资料，对有些内容做了必要的技术性处理。

第二部分为"与读者共同深入探讨"。

这部分是心理案例的拓展和深化，其目的是促使以家长和教师为主要受众的成年人结合自己与中学生相处的实际情形进行深入思考。这是本书特色最鲜明的部分。这部分主要包括两方面内容：一方面是对处于青春期的中学生进行深度心理解读，以帮助家长和教师更好地走进学生心灵深处；另一方面是为家长和教师提供心理辅导的建议，因此多立足于家长与教师视角阐述对策。事实上，本书所给出的心理问题突破方案是具有广泛适用性的，这一点，在我的心理援助实践中已得到验证。

另外，本书还设置了与中学生心理问题相对应的心理自测，作为附录集中放在全书最后，读者朋友可以根据需要请自己的孩子、自己的学生自测，以便于更好地了解孩子们的心理，帮助他们找出问题、解决问题。

靠诸多助力，本书和读者见面了。感谢多年来我接待的每位求询者，是他们推动着我对学生心灵世界的探索。感谢我妻子骆志霞的默默支持。

作者水平所限，书中难免有误。如能得到读者的指正，我不胜感激。

马志国

目录

 **读懂学习心理：
帮助孩子走向学业成功**

第 1 节　破除学习偏执型期望　·003

第 2 节　守住求学"平常心"　·009

第 3 节　学习目标巧分解　·018

第 4 节　区分好塔基与塔尖　·022

第 5 节　打破考试"焦虑"怪圈　·032

第 6 节　成才先成人　·037

第 7 节　驱散"挫败感"的阴霾　·044

第二章 读懂恋爱心理：
帮助孩子走出早恋迷局

第 1 节　面对"初恋"不必慌　　　·057

第 2 节　发挥心理栅栏作用　　　·065

第 3 节　"同性依恋"并非"同性恋"　·069

第 4 节　巧解"师长仰慕情结"　　·072

第 5 节　弥补孩子的情感缺失　　　·077

第 6 节　如何看待"高三恋情"　　·082

第 7 节　打破对教官的"新奇"感　·086

第三章

读懂人际心理：
帮助孩子在交往中成长

第 1 节	搭建互助的桥梁	·091
第 2 节	警惕亲密"拥挤感"	·096
第 3 节	打破猜测中的"悄悄话"	·101
第 4 节	走过心灵的弯路	·109
第 5 节	不要让"爱"成为"碍"	·119
第 6 节	将阳光撒进孩子的心田	·124

第四章 读懂自我心理：帮助孩子树立自信

第 1 节　体察孩子的内心　　·135

第 2 节　拔出自卑的旋涡　　·144

第 3 节　"干部"的心理建设　·151

第 4 节　破除师源性障碍　　·157

第 5 节　爱自己，更自信　　·162

第五章 读懂人格心理：帮助孩子健全人格

第 1 节　爆发型人格知多少　　·171

第 2 节　网瘾后的回避型人格　　·176

第 3 节　自恋型人格的引导　　·185

第 4 节　攻击型人格并不可怕　　·195

第 5 节　"幼稚"的退行行为　　·201

第 6 节　培养双性化气质的度　　·206

第六章 读懂异常心理：帮助孩子破除心障

第 1 节　装病是一种心病　　　　　　·213

第 2 节　自我防卫的"失忆症"　　　　·218

第 3 节　由"师"而来的瞌睡　　　　·225

第 4 节　"好动"不是"多动症"　　　·231

第 5 节　强迫症的心理困扰　　　　　·235

第 6 节　"遗书"背后的心魔　　　　·240

第 7 节　被误会的爱国心　　　　　　·246

第 8 节　神奇的"白日梦"　　　　　·256

附录 **自检自测，
我更懂我**

附录1　考试焦虑测一测　　　　·263

附录2　初恋倾向检一检　　　　·267

附录3　人际适应能力验一验　　·269

附录4　自信感分值评一评　　　·273

附录5　性格倾向判一判　　　　·276

附录6　心理健康查一查　　　　·280

第一章

读懂学习心理：帮助孩子走向学业成功

第1节
破除学习偏执型期望

心理案例：我对学校生活厌烦了

眼看还有两三个月就要高考了。正当这关键时刻，毕胜却已经几天不去上学，准备放弃学业了。这如何了得？这一天，毕胜在父亲陪同下来到心理健康中心。

初步沟通之后，我知道毕胜是一个严谨认真、努力向上的男孩，不过最近一次考试成绩却退步了。毕胜自己说："这次考试成绩退步只是部分原因，关键是，我对学校生活厌烦了、反感了，觉得在学校里生活和学习一点意思也没有了。我不认为非得上学才有出路，本来上高中就不是我自己的选择。我的中考成绩不及高中正式录取线，是父母让我择校上高中，我知道家里对我的期望很高，希望我考一个好大学，我就勉强同意了。我自己也想，既然上了高中，就必须要拿个好成绩、考个好大学，从此下定决心，拼命苦学。入学的时候排名590多，第一次考试排名540多，前进了几十名。我看到了希望，给自己定了下一步前进的目标,给自己加压,更加拼命苦读。高二的时候我选择了理科。可是,我付出了那么多,最近一次考试却后退了几十名,到了420多名。我心里全乱了,听不进去课了。如果不是家里不同意,我早就彻底退学了。我不认为非得上大学才有出路,我不上学了也一样可以找到其他的路……"

很明显,是否只有上大学才有出路,这不是毕胜真正要讨论的问题,他只是有点儿"吃不到葡萄说葡萄酸"的"酸葡萄心理",他是自己感到似乎考取大学无望,故而采取了这样一种自我防卫的心理模式。有故事说,一只狐狸吃不到葡萄,就说葡萄是酸的,只能得到柠檬,就说柠檬是甜的,以此使自己免于痛苦。心理学家便借用这则故事,把用某种"合理化"的理由来解释事实,变恶性刺激为良性刺激,以求自我安慰的现象,称为"酸葡萄与甜柠檬"心理,这种心理是合理化作用的一种表现。

合理化作用又叫文饰作用,是指人在遭受挫折或无法达到所追求的目标,以及行为表现不符合社会规范时,用有利于自己的理由来为自己辩解,将面临的窘迫处境加以文饰,以隐瞒自己的真实动机或愿望,从而使自己获得解脱的一种自我心理防卫机制。学生常常会用这一机制来进行自我心理防卫。比如,一个考试没拿高分的学生会说:"我根本瞧不起高分低能的人。"一个在评优中落选的学生会说:"人怎能把眼盯在名誉上?"如此种种,都需要我们给予充分的理解。

不错,在合理化时所谓的理由不过是"自圆其说",但确有维护心理平衡、实现心理自救之效。在心理困境中,人常常需要这样自我调解。或许有人会问，这不是"精神胜利法"吗？这能有什么用？别把精神胜利法瞧扁了。有些不如意的事摆在那里，如若能改变，当然该向好处努力；但如若已成定局，无法挽回，人就该宽慰自己、接纳自己、承认现实，追求精神胜利，以帮助自己摆脱心理困境。这比垂头丧气、痛不欲生、精神低迷，不知要好上多少倍。因此，学生这样做，只要不过头，我们不妨稍作迁就。

我稍作提示，男孩就理解了这一层意思，他说："当初家里花钱让我上高中，期望那样高，可到高三了，我的成绩却下滑得这样严重，自己感觉好像当初的一切期望都只是在吹一个肥皂泡，现在彻底破灭了……"说到这里，毕胜连连摇头，唉声叹气。

人都难免给自己吹个肥皂泡，这多少会有一些激励作用。但是，肥皂泡是不能越吹越大的，不然早晚都会破灭。毕胜心中的肥皂泡破灭了，就是因为他不断给自己加压，致使他心中的肥皂泡越吹越大。一朝破灭，便让他感觉自己没有希望了。现在，心理援助的关键是帮助毕胜重新找到现实的希望。由于毕胜的问题主要是认知出现了偏差。因此，我决定从帮助他调整认知入手。

首先，我引导毕胜算了一笔账："高一时让你感到成功的一次考试你排名540多，当时全年级多少人？这次让你感到很糟糕的考试你排名420多，现在全年级理科班又有多少人？"

"高一的时候全年级750人，现在全年级理科班630人。"

"把这次你感觉很糟糕的考试，和你感觉很成功的那次考试比一比，看看有什么新发现？"

毕胜沉思片刻："这两次差不多，我后面都是还有200多人，我没有退步。"毕胜第一次抬起了头，"就算没有退步，可您知道我付出了多少努力吗？怎么还是没有进步，没有效果呢？"

"怎么没有效果？"我顿了顿说，"你知道逆水行舟吗？"

"知道，逆水行舟，不进则退。"

"对呀！而你的名次虽然没有前进，却也没有后退，这说明什么？"

毕胜的眼睛有了亮光："说明我的努力是有效果的。"

"不仅如此，如果调整心态，效果还会更好……"

毕胜的眼睛更亮了："调整心态？怎样调整心态？"

"说起来非常简单，就是调整思维方式，把'我必须怎样'换成'我争取怎样'。比如，把'我必须考一个好大学'，换成'我争取考一个好大学'，把'我必须前进几十名'，换成'我争取前进几十名'……"

"我从来没有这样想过，我总是想'必须怎样'……"

"所以，调整思维方式做起来又非常困难。你已经习惯了'必须'的思维方式，你已经习惯了'毕胜'。对了，说说你这个名字，可以吗？"

"这个名字是爸爸给我起的，后来，我长大了，越来越明白爸爸对我的期望，我也越来越这样要求自己，凡事总是求必胜，要求自己必须成功。所以，我从来都是'必须要怎样……'。"

我笑了:"这,正是你出现心理困扰的原因。"

毕胜深有所悟,一个劲儿地点头:"您的意思是说,如果我不再凡事总是'必须',也就没有了那么大压力,学习效果就会更好?"

"是的。所以你得从现在开始改变极端化的思维方式。这会让你以一种新的眼光看待生活,看待学习,从而看到希望的阳光。"我肯定了他的领悟,"你知道,肥皂泡不能想吹多大就吹多大。所以,我们的人生不是吹肥皂泡。你说肥皂泡破灭了,这并不可怕,因为我们找到了现实的希望。"

与读者共同深入探讨

从心理诊断角度来说,毕胜的困扰来源于思维方式的偏差,这种思维方式叫作"偏执型期望"。所谓偏执型期望,就是指偏激固执地看待自己,有自己必须如何如何的自我期望和思维定向。比如,我必须成功,我必须做一个有价值的人,等等。凡事总是"必须",而且不断放大这种"必须",这无异于让自己背负一块会不断变大的石头,容易让自己感到很累,也容易让"必须"成为泡影。

就学习来说,"必须"拿个好成绩,"必须"考个好大学,这样的思维过分强化了学习动机。而过强的学习动机恰恰会降低学习效率。心理学告诉我们,学习动机不强,学习效率则不高,而学习动机过强,学习效率也会不高,只有中等强度的动机,才能提升学习效率。这种学习动机与学习效率的关系图式，正好是一个倒"U"形的曲线。

因此，我们应该指导孩子破除偏执型期望，引导孩子将"必须"转变为"希望"，比如，我希望成功，我希望取得好成绩，等等。这样思维就有了弹性，少一些压力，反而更容易收获成功。

第 2 节
守住求学"平常心"

心理案例：究竟重读高二好不好

高强是一个重点高中的高三男孩。眼看到了最后的关键时刻，高强却听不进课，做不了题，睡不好觉，吃不下饭，在学校待不下去了。高强自己说，自己仿佛得了某种特殊的咽炎，吃不下学校的饭，一吃就干呕，甚至吃进去了也会吐出来。于是，高强总是要家长接回家里才能勉强吃下饭。家长陪同高强看了很多医生，可医生也查不出什么病，高强吃了好些调节神经的药，也不管用。这可如何是好？父母想到让高强重读高二，认为这样也许能减轻他的压力。

压力？什么压力？为什么要重读高二来缓解压力？

高强的父母说，知道孩子向来要强，也感觉是目前的学习让他压力太大，就是不知道怎样帮孩子减压。实在没有办法了，才考虑让高强重读高二，以为这样就有可能提升高强的考试名次，好让他高兴，减轻心理压力。但就在即将确定下来让高强重读高二的时候，他又不同意了。

父母不知道他究竟怎么了，不知道究竟该怎样帮助他，更不知道究竟重读高二好不好。就是在这样的情况下，一家人预约来访了。

至此，高强的心理压力初见端倪，随后的沟通让我看得越来越清楚。

原来，高强是一个追求完美的男孩，从小就对自己有很高的要求，尤其在学习方面，会给自己定一个相当高的目标。为了实现这个目标，他自己也确实付出了努力。从小学到初中，他一直是尖子生，是月亮，是太阳，真正做到了每次考试都名列前茅，最后还凭自己的实力考进了重点高中。但是，多年来他对自己都处于一个不太满意的状态，每次考试过后，他总是念叨着："太糟糕了，实在是太糟糕了。"不过，那时候的不满意更多是说说，内心还是能接受自己的名次的。

可到了高中后，每次考试成绩一公布，高强就会满脸沮丧，会从内心深处认为自己"真的是太糟糕了"。更糟糕的是他的名次一滑再滑，最近的一次滑到了500多名。高强一路败退，真的挺不住了，被彻底打倒了。于是，高强的身体开始出现了上述种种症状，成了一个病人。

就我的心理咨询临床经验来看，大凡出现躯体症状医生却查不出什么病的，往往都是心理压力所致的躯体化现象。所谓躯体化现象，就是人在遇到难以面对的生活困境时，潜意识会将心理压力转换成某种躯体症状。其实也就是人在进行自我心理防卫，以躯体的不适表现来减轻内心的痛苦。躯体化现象实际上是一种心因性反应，即扮演病人。

分析过后不难看出，高强的所谓病症就是躯体化现象，是为了逃避困境而在扮演病人。那么，他的困境是什么呢？是考试名次的压力，是考试名次不断后退带来的失败感：彻底失败了，找不到希望了。

但是，这种失败感的本质，却是自己把自己打败了。

那么，高强是怎样自己把自己打败的呢？从下面我与高强的单独谈话中，不难看出高强自己打败自己的心路历程。

高强开头第一句话就是："我太失败了，彻底失败了……"

我笑了："为什么有如此强烈的失败感呢？"

高强痛苦地说："为了取得好成绩，我学习一直非常努力，可是，我在初中的时候还是尖子生，现在却退步到了500多名，您说这不是失败是什么？"

"请问你初中时拿过的最好的名次是什么？"

"全校前100名。"

"是不错，在初中肯定是尖子生了。考进重点高中后呢？"

"进了重点高中后，反正没有进过前100名了，最近一次考得最糟糕，到了500多名。我努力了，可是也没有多少进步……"

"所以你觉得自己失败了？"

"这还不是失败吗？"

"那么，你觉得怎样才是成功呢？"

"起码要将自己的成绩稳定在前100名，保住初中时候的尖子生称号吧？"

"那就怪了，重点高中可是集中了各大初中的所有尖子生啊。假定你们那个初中的前100名都考入了重点高中，难道在尖子生集中的重点高中，还能都占据前100名吗？如果这样的话，人家其他初中来的尖子生要置身何地呢？"

"也是啊，看来有人的名次可能要下滑了。"

"不是可能，而是一定，一定会有很多人不能保住初中时候的名次了。"

"对，一定。"

"那你凭什么要求自己还保持在前100名呢？"

高强沉默了很久才说："是的，我也很难保持在前100名了。"

"这叫什么？这叫竞争群体不同了。这就好比国家级比赛中的冠军去参加世界级比赛，自然就未必还拿冠军了。"

高强的眼睛亮了："是，是这样。"

"这原本是一个非常简单的道理，为什么你会想不通呢？"

"是啊，为什么这样简单的道理我没想到呢？"

"就是因为过高的自我期望、多年做尖子生的经历，让你这种高期望成了惯性，认为自己名列前茅是理所当然的，稍有退步就是失败。"

"是，过去十来年我都是尖子生，一下子掉到了现在的名次，我还真接受不了。"

我直指要害："正因为这样，你就痛苦，就迷茫，就失望，甚至绝望,就找不到方向了,就开始闹病了。其实,这是一种逃避,逃避现实的困境。想重读高二,实质上也是逃避。但是,以这样的心态,你即便重读高二,就一定会有名次的前进吗?如果回到了高二,还不能成为尖子生呢?你是不是会感到更加失败?更重要的是,带着这种失败感去学习,怎么可能有好的效果?这只能让自己感觉越来越糟糕,学习成绩反而会持续下滑。最终,你就自己把自己打败了。"

高强好像遇到了知音:"您说到我心里去了……"

至此我们可以看出,高强是先存在一个认知误区:我努力了就应该成为尖子生。然后从这个认知误区出发进行错误的推论:我没有保住靠前的名次就是彻底失败了。你看,人就是这样从认知误区出发把自己打败的。

高强应该怎样自救,才能走出失败的心灵泥沼呢?

我们的对话继续进行。

高强是个悟性很好的男孩,一旦认识到了过去自己走入了认知误区,就开始积极寻求改变。他问:"那您说,现在我该怎么办呢?"

既然他有所领悟,我就直言:"你应该换一个思维方向。到了重点高中,在强手如林的情况下,你自认为考得最糟糕的一次,名次也还是保持在500名左右,更不用说那些不怎么糟糕的情况了。你想想看,自己的努力到底有没有成效?"

"有。"

"重点高中的第500名,比普通初中的第100名,按相对名次算,你究竟有没有后退?"

"没有。"

"不仅没有后退,而且还略有前进,是这样吗?"

"是的。"

"更重要的是,当动力与阻力正好相当的时候,逆水行舟会出现怎样的情况?"

"船不动了。"

"说得好。船虽然没有前进,划船用的力起作用了没有?"

"起作用了。"

"如果没起作用,船会怎样?"

"会倒退。"

"现在,在强手如林的竞争中,一个学生的名次不但没有后退而且还略有前进,你说,这个人的努力是不是有效果,这个人是不是成功的?"

高强的眼睛有了光彩:"是啊,我没有失败啊,我是成功的。"

"更重要的是,当你看到自己的成功的时候,你的学习状态会更好,效果会更好,成功的概率也会更大。对吗?再说,即便就是这个第500名,高考也肯定能考个不错的大学呀,何况心态好了,效果好了,你考取更好的大学不是更有希望了吗?"

高强抬起了头,挺直了腰:"我知道了,不去重读高二了……"

我也知道了,高强转换了思维方向,已经把自己的心从失败的泥沼中解救出来了。就是这样，错误的思维可以把人打败，正确的思维可以让人走向成功。

随后，我们就如何淡化对考试结果的关注以及这样做的意义进行了深入的讨论。经过交流，高强理解了：淡化对考试结果的关注，有助于形成积极的学习心态，有助于增强学习效果，有助于考试中水平的发挥。

为了帮助高强获得更深切的理解，临了，我讲了一个故事给高强听。

从前有一个男人，他是小镇上最早开肉摊的，多年经营，练就了一手过硬的砍肉本领。不管你要买多少，他一刀下去，保准丝毫不差。因此，他获得了"神一刀"的美名，他的肉摊也声名远扬，生意十分红火。那天，来了一个不服气的包工头，把3000元钱拍到桌子上，说要3.3斤带骨的，6.6斤全瘦的，9.9斤肥瘦相间的，如果砍得一两不差这钱就全归肉摊老板了。有人在一旁鼓动他："那就快砍吧！"而他面不改色，只是转过身去一遍又一遍地磨刀，似乎在想些什么。过了很久，他抬头瞅了瞅包工头："这三份肉我给你砍，你按斤按两付钱，额外的我一分钱不收。"说话间，他手起刀落，三份肉很快就砍好了，上秤一称，果真份份丝毫不差，围观的人赞不绝口。有人问他："你这摊子上的肉全卖了也卖不上3000元，你为什么不收下那3000元呢？"他憨厚地笑了："见钱眼开，心里就会长草，长草就会心慌，心慌就会手抖。如果我心里想着那3000元，十有八九会下刀没了准，那不仅会叫人家笑话，还会丢了手艺。"

高强心领神会，最后他说："我知道了，放下过高的自我期望，就是要放下对考试结果的过度关注，把考试的结果看得淡一些，再淡一些。"

最后，我与高强的父母做了沟通。当父母听到了高强要继续读高三的决定后，终于松了一口气。但是，为了高强能够更好地进行自我调整，我又给他的父母提了个醒。我说，孩子过高的自我期望，一定有家庭的影响。为了帮助孩子调整心态，你们自己要带头降低对孩子的过高期望；同时，在孩子"闹病"的时候，不要过分关注。高强的父母承认，孩子的心态确实受家庭影响不小，并表示自己会积极合作，帮助孩子调整心态，跳出失败感的泥沼，寻找属于自己的成功。

在我整理这篇咨询手记时，高强已经传来了好消息：他的那些躯体症状不治而愈了，他对自己的高三生活感觉越来越轻松、越来越好了，最近的考试名次也有了进步。

与读者共同深入探讨

为什么过高的期望会导致学习效果不好呢？为什么淡化对结果的关注会提升学习效果呢？

这既是孩子关注的问题，也是我们教师、家长应关注的问题。

实际上，这是一个学习动机与学习效果的关系问题。

心静好读书，脑力劳动不同于体力劳动，孩子的学习、应考，更不同于战场厮杀。从心理学的角度来看，情绪紧张度太高或太低都会影响学习的效率。适度，才是最好的状态。这与上文谈论过的偏执型期望有异曲同工之妙。就中学生的学习现状看,一般在对待考试的问题上,情绪紧张度过低的情况不多,而情绪紧张度过高的情况却十分普遍,实在令人忧虑。

为什么动机过于强烈反而会降低学习效率呢?这是因为动机过强,情绪过于紧张,用脑过度,就容易导致脑细胞的超限抑制。所谓超限抑制,就是刺激超过了大脑细胞承受的限度,脑细胞为了自我保护,就会自动转化成抑制状态。不难理解,脑细胞处于抑制状态了,学习效率当然就降低了。

所以,我们应该让孩子领悟到,不必太拿考试当回事,对考试要保持平常心,这样在考场上反而能够"处之泰然"。让孩子懂得,把考试看得淡淡的,它便不敢在你面前逞凶了。如此一来,你就会感到复习起来是那样神清气爽,你就会感到在小溪边、柳荫下捧读一本书是那样惬意,你就会感到在考场上奋笔疾书是那么过瘾。能如此享受一次大考,你还怕什么?

第 3 节
学习目标巧分解

心理案例：我感到学习压力特别大

"马老师，最近我感到学习压力特别大，您说应该怎么办？"心理咨询室里，一个初中男孩把这样一个问题摆在我面前。

面对他的问题，我想到不少中学生来信来访，都诉说过学习考试给自己带来的压力，问我应该怎么办。于是，我说："所谓压力，常常是自己给自己制造的。所以我们可以采用心理除法来化解心理压力，这是一个挺不错的方法。"

"什么叫心理除法？"男孩很是好奇。

"别急，先听马老师讲一个自己的故事。"我说，"十几年前，一家出版社约我写一部关于青少年心理的书。恰好赶上暑假，全书10万字，按计划需要暑假里完成初稿。那时候还不用电脑，不到两个月的时间里写出10万字，这可真是够让人犯怵的。正当我为此发愁的时候，忽然想到：按天计算一下如何？

这样一算，每天不过2000字。顺着这个思路算下去，每小时才200字。怪了，虽然事实上工作量还是那么大，可这时候心理压力却烟消云散了。这就是心理除法的作用。"

男孩很有兴致："您说的心理除法，就是把一个大任务分成几个小任务？"

"对。"我肯定地说，"这种把总目标分解为若干个小目标的方法，叫作目标分解法。它可以分散人对总目标的注意，而着眼于一个个较容易达到的小目标，从而减轻心理压力，增强实现目标的信心，提高活动的效率。由于这种分解只是心理上的，所以有的心理学家把这种方法称为'心理除法'。你们平时的学习也是这样。比如，暑假里各科作业算起来共有300个练习题。看总目标数量真是不少。但是你一旦把它分解，每一天其实不过5个练习题。于是，你就一点心理压力都没有了。"

男孩点点头："我知道了，目标小了，就没有压力了。"

"可是，有些同学就是不会把学习的总目标，分解为一个个的小目标。"我继续分析说，"一个学期开始了，给自己定的目标倒是够远大的。而后，就经常为这个'远大'的目标发愁，总想着要一下子实现目标，但又不可能做到，于是，白白地给自己增加了心理压力。还有的同学目标定得不小，可就是不肯做好眼前的小事，比如，弄懂一道习题，记住一个英语单词，学会一个成语，等等。这些小目标是很容易实现的。为什么不尽力达到小目标而空为大目标发愁犯怵呢？"

"我就是您说的前一种情况，总是记着大目标，没有及时地把它分解成小目标。"男孩深有感触地说。

"人生的成败，常常取决于能否做好应该做的一件件小事。"我说，"同学们的学业不也是如此吗？何必为大目标徒增心理压力？所以，我一直说，别只是记住了'志当存高远'，还要注意办好眼前的一件件小事。"

男孩说："您的话真有道理。"

我笑了："那就学着去把你学习上的大目标分解为一个个的小目标吧。目标越小越容易实现，越能给你信心和力量，越没有心理压力，就越能轻装前进一步步走向你的大目标。这也就是心理除法的神奇之处了。"

男孩起身和我告别："心理除法真奇妙，我懂了。"

与读者共同深入探讨

心理学家曾经做过一个有趣的实验：

把被试对象分为三组，让他们分别向着同样距离的三个不同村子进发。第一组的人既不知道村庄的名字，又不知道路程有多远。实验者只告诉他们跟着向导走就行了。结果刚走出两三公里，就开始有人叫苦。走到一半的时候，有的人便愤怒了。他们抱怨，何时才能走到头。越往后走，他们的情绪也就越低落。

第二组的人知道村庄的名字和路程有多远，但路边没有里程碑。走到一半的时候，大多数人想知道已经走了多远，有人猜测，大概走了一半的路程。于是，大家又继续向前走。走完全程的四分之三的时候，大家情绪开始低落，觉得疲惫不堪。

当有人说，快到了，快到了！大家又振作起来，加快了行进的步伐。

第三组的人不仅知道村子的名字、路程，而且公路旁每隔一公里就有一块里程碑。人们边走边看里程碑，每缩短一公里大家心里便多一分快乐。行进中大家情绪高涨，甚至充满了歌声和笑声，一队人很快就到达了目的地。

由此，心理学家得出结论：如若人们的行动有了明确而具体的目标，并能把自己的行动与目标不断地加以对照，进而清楚地知道自己的行进速度和与目标之间的距离，人们行动的动机就会得到维持和加强，就会自觉地克服一切困难，努力达成目标。总之，目标越具体越容易达成。正是在此基础之上，心理学家提出了目标分解法。

这启示我们，真正睿智的教师、真正英明的家长，并非善于教导孩子胸怀大志，而是善于帮助孩子分解目标，随时明确眼下的具体的小目标，即善于帮助孩子把握当下。

第 4 节
区分好塔基与塔尖

心理案例：考试成绩一路下滑

初中男孩宏伟，学习好、品行好、人缘好，是大家喜欢的好班长。可是，从初二后半学期开始，宏伟的考试成绩一路下滑，临近毕业时，更从原来的年级前10名，一直下滑到了年级120多名。

这怎能不让老师着急？但是，老师通过和宏伟谈话也未能找到出现这一问题的缘由。老师只看到了宏伟的眼泪，无法看到宏伟的内心。于是，老师请了家长。

家长同样与宏伟进行了沟通，但所得结果并无不同——也只是看到了宏伟的眼泪。家长更是莫名其妙，更是着急上火，孩子到底怎么了？

就是在这样的情况下，家长辗转找到了我。

在心理咨询中，宏伟的父母把能猜想到的原因都列举了一遍：懒，就是懒得写作业；玩，就是玩"闲篇"，不把心思放在学习上；还有，就是青春期，是不是和女孩早恋了？我们也猜不透、弄不懂，这不，是他自己提议来做心理咨询的。

在我接待的家庭教育咨询案例中，大多是家长首先提议的。孩子主动提议来访，这个信息让我感到此事非同一般。

果然，在我和宏伟的单独会话中，我明显地感到宏伟与一般男孩的不同，他非常懂事、有礼貌、有头脑、有理想，比他的同龄人要成熟许多。这让我在心里也画了个大问号，这样一个男孩的成绩怎么会直线下滑呢？

为了探明缘由，我们进行了深入沟通。

宏伟的求助意向很强烈，他说："从初二下学期开始，我的成绩就出现了下滑，我自己感觉到了压力，也做过调整，可是并不起效，成绩还是一路下滑，最近的一次月考，竟然到了120多名……但是，并不是他们说的那样，我不懒，也不爱玩，更没有早恋……"

我问："那是为什么呢？"

"因为爱好，我就是放不下我的爱好……"

"爱好？怎样的爱好让你如此放不下？"

"怎么说呢？我的爱好很多，我爱动漫、好唱歌、好播音、好主持……"

"这些爱好都不错。但是，这些爱好怎么就影响你的学习了呢？"

"可能是因为我说的这些都是在网络上进行的，很有诱惑力，很让我痴迷。"

"具体说说看，让马老师也感受感受好吗？"

"比如，我画的漫画上传网络之后，被转发、被推广，点击率很高。我只要一看到自己的作品这样受欢迎，就会很兴奋，您知道那是一种什么样的感觉吗？"

"非常有成就感。"

"对，非常有成就感。"宏伟仿佛遇到了知音，情绪明显高涨起来，"这样的成就感极大地激发了我的热情。以前，我都是玩玩，没想过挣钱不挣钱，可最近还有人专门要和我签订单了。这更激发了我的热情。还有，我在网上办了一个个人电台，将录制好的音频传到网上去。没想到被很多网友点击了，而且，还被播音的专业老师肯定，说我的表达很流畅，很有专业风范……"

"这样的热情之火越烧越旺，于是，你明明感受到了成绩下滑的压力，明明知道要调节，却还是忍不住把时间花费在爱好上对吗？"

宏伟看着我，默默了良久才说："谢谢您懂我。这些占去了我太多的精力和时间。比如画漫画，我有空就画，连下课的时候都要画几笔，画好了再扫描传到网上去。个人电台也要花很多时间，准备、录制、上传……"

"每天要花去多少时间？"

"平均起来每天差不多要两个小时，有时候还会更多。"

"所以，你现在很纠结，一面放不下爱好，一面感到学业的危机？"

"是，跟老师和家长又说不清楚，我真的不知道怎么办才好。"

很明显，困扰宏伟的就是课余兴趣与课业学习如何协调的问题。

我们究竟应该怎样看待一个人的兴趣呢？

所谓兴趣，就是一个人倾向于认识、研究某种事物的意识。兴趣对人某一方面的发展有始动、定向和调节作用。它可以推动人充满热情地认识研究有关事物，从事有关活动，着迷、上瘾、废寝忘食，从而获得极大满足，进而使人获得更好的发展。比如，对音乐感兴趣的人，他的认识活动会优先指向与音乐有关的事物，并以向往的心情研究它，力求领会它、掌握它。

兴趣作为一种非常重要的非智力因素，是成才的先导，是成功之路上最好的朋友。平时，人们谈到成功，往往会想到"头悬梁，锥刺股"，往往会想到"艰难困苦，玉汝于成"，往往会想到"天将降大任于是人也，必先苦其心志，劳其筋骨，饿其体肤……"。不错，成功的道路往往漫长而艰难，坎坷而崎岖，难免需要流汗、流泪，甚至流血。但是，这绝非事情的关键，更不是事情的全部。成功之路上，还有快乐，还有满足，还有幸福，这就是兴趣的力量。兴趣能使我们对有关的事物和相应的活动，表现出积极的接受心态并乐于进行深入探究，能使我们获得快乐、满意等积极的情感体验，从而帮助我们走上成功之路。

兴趣作为一种认识倾向，它本身具有相对的稳定性。比如，一个人有体育方面的兴趣，会促使他对体育方面的消息格外关心，常为有关体育方面的报道所吸引，甚至废寝忘食。使其在观看体育比赛时情绪高昂，兴高采烈；在与体育活动爱好者进行交谈时，感情融洽，并力求经常参加体育活动和体育竞赛，奋力拼搏。这些行为前后是贯通的，且轻易不会改变。

至于爱好，其实质就是由兴趣进一步发展而成的从事某种活动的倾向。爱好不仅是对特定事物优先注意和向往的心情，而且还会让人产生从事实际活动的倾向。如果硬要区分二者，那就是：有了内心的向往就可以说有这方面的兴趣，而有了这方面的活动倾向才能说有这方面的爱好。比如，爱听歌的人就可以说是对音乐有兴趣的人，而要成为一个音乐爱好者，则还需要有从事音乐活动的倾向，或经常参加演奏，或经常练音唱歌。

不过，实际上，兴趣和爱好是难以区分开来的。所以，我们也不必深究。

正是那些爱好，让宏伟充满了热情，让宏伟找到了成就感，让宏伟如痴如迷、欲罢不能。一个青少年能够有自己的课余爱好是难能可贵的。但是，如果他处理不好课余爱好与课业学习的关系，就会导致心理冲突，从而影响其长远发展。宏伟就是产生了这样的心理困扰。

怎样帮助宏伟摆脱这个心理困扰呢？

我先是肯定了宏伟课余爱好的积极意义，然后，针对宏伟不想放任自流的心态，我启发道："你自己想过什么办法？"

宏伟回忆说："我调整过时间，就是把这些爱好都放到假期，还有，我和朋友商量过定期封号，但是，都不太管用。有时候我想，要不就干脆这样干下去，将来当个主持人，或者当个画家……"

"你是说,你想直接跳过求学积累,而把当画家或者当主持人作为自己的奋斗目标是吗?"我想了想,大概清楚了宏伟的问题出在哪里,于是接着问他:"你调整的办法都不管用,你的成绩还在下滑,你知道这是为什么吗?"

宏伟呆呆地看着我:"为什么?"

"这是因为你的办法是战术上的,你没有做出战略上的调整。"

宏伟睁大了眼睛:"怎样做战略调整?"

"我们以当主持人为例。"我说,"你知道一个优秀的主持人是怎样练成的吗?在今天这个时代,即便是相关专业的大学毕业生也未必能成为主持人。假如你现在放弃学业,凭一个初中毕业证,你觉得有人敢用你吗?没人敢用又怎能梦想成真?你也许可以说,我不要学历,我就靠自学成才。你知道成为一个优秀主持人需要下多少功夫吗?这些功夫,有知识的,有能力的,有艺术的,有文化的,有身体的,有心理的,太多太多。假如你现在放弃学业,凭一个初中生的水平从事主持工作,你怎么可能面面俱到、游刃有余?"

看宏伟听得专注,我继续说道:"不错,今天确实也有很多中学没毕业获得了'成功'的人,比如那些少年作家,比如那些少年歌手。但是,这些都是特例,而且,这些特例如果不及时'补课',最终的发展也会受限。"

宏伟追问道:"这是为什么呢?"

"你知道金字塔吗?你想想看,塔基和塔尖是正比还是反比关系?"

宏伟想了想,肯定地说:"正比。"

"对。"我解释说,"建金字塔,要想塔尖足够高,必须塔基足够大。从人才发展的角度说,如果把一个人的理想比作塔尖,这个人的基本素养就是塔基。塔基越大,塔尖才能越高。反之,没有足够大的塔基,理想之塔就随时都有倒塌的风险。所以,你现在关键是要在心理上解决好这个战略问题:中学时代,是直奔塔尖,还是先奠塔基。"

宏伟点头:"我知道了,我要先夯实塔基,为将来实现理想打好基础。"

我赞同说:"对。先奠塔基的好处,一是实现理想的可能性更大,就是说,你更有可能成为一个优秀的主持人或画家;二是实现理想的机会更多,就是说,即便你没有成为优秀的主持人或画家,你也会拥有更多其他的机会。这样,战略问题解决了,战术上的问题就不成问题了,是吗?"

沟通至此,宏伟看清了方向,他面露笑容:"是的,我也应该对那些爱好,用圈子里的话说一声,我要'淡圈'了。谢谢您!"

最后,我向宏伟父母就宏伟的心理困扰进行了简要说明。宏伟的父母都长长地嘘了一口气:"原来是这样,这我们就放心了。"

临别,我送给他们一本我的《读懂青春期孩子的心》,希望对他们有所帮助。宏伟的父母也很感激:"谢谢您!以前,都怪我们不知道孩子的心思。回去我们一定好好读读您的书,向您学习，争取读懂孩子的心。"

宏伟的父母说得不错。在孩子成长的过程中，家长如果不能深入孩子的心，就很容易给孩子造成心理困扰，也容易给家庭教育造成困扰。所以，为了孩子的健康成长，家长也好，老师也好，都要努力读懂孩子的心。

送别宏伟一行后，我想起了一则故事：一把沉重的铁锁挂在大门上。一个人走过来，拿一根铁棒连撬带砸，用尽力气却打不开锁。另一个人走过来，拿出一把小小的钥匙，放进锁孔轻轻一转，"咔嚓"一声，锁开了。等两个人走了，迷惑不解的大铁棒问小钥匙："为什么我用那么大力气都打不开锁，你却轻轻一下就可以打开呢？"小钥匙回答说："因为我能深入它的内心。"

在最近一次反馈通话中，宏伟告诉我，他考进了自己向往的重点高中，他说他会继续夯实理想的塔基。

与读者共同深入探讨

关于兴趣爱好的意义和作用，我在前面已经谈过。这里我们侧重谈谈，为了更好地促进孩子的长远发展，我们该怎样帮助孩子处理好兴趣爱好与学习的协调问题，而这，就涉及广阔兴趣与中心兴趣的关系问题。

人的兴趣在广阔性上有所不同。兴趣的广阔性，就是指兴趣范围的大小。有人对新鲜事物十分敏感，对什么事都感兴趣；有人则把自己局限在一个小天地里，感兴趣的事物寥寥无几。兴趣广泛，可以使人开阔眼界、增加知识、发展才智、乐于创造，生活丰富多彩。相反，一个兴趣贫乏的人，他的求知欲、思维和想象力都会相对逊色一些，生活也更单调平淡。古今中外，大凡有成就的人，大多有广泛的兴趣。因此，我们应该指导孩子培养广泛的兴趣。

当然，"泛"不是"滥"，我们还应该指导孩子，在广泛的兴趣中找到自己的中心兴趣。所谓中心兴趣，是指在广阔兴趣的基础上，对某一方面的事物或活动有极浓厚而稳定的兴趣。只有广泛的兴趣与某个中心兴趣相结合，才是可贵的兴趣品质，才能更好地推动孩子的发展，也更有利于孩子平衡好兴趣与学业。

广阔兴趣和中心兴趣，是密切联系相互促进的。广阔兴趣解决所谓"博"的问题，中心兴趣解决所谓"专"的问题。博与专的辩证法，就是广阔兴趣与中心兴趣的辩证法，也就是前面说到的塔基与塔尖的辩证法。

青少年正处于打基础的关键时期，这个时期的知识基础如何，直接影响一个人一生的发展。因此，我们应该指导孩子，处理好塔基与塔尖的关系：首先应发展自己多方面的兴趣，从多方面去摄取知识，给自己打下坚实的知识基础。然后，在此基础上培养中心兴趣，对某一方面进行更加深入的钻研，并使其他各种兴趣都直接或间接地为中心兴趣服务。这样，发展的道路才能越走越宽广。

当然，有一点我们必须清楚，我这里所说的"兴趣"，并非专指课余兴趣。对于知识的求索和学习同样可以成为孩子的兴趣，事实上，它也应该成为孩子的兴趣。如此，兴趣爱好与学业之间的关系便会更加协调。我们不妨想想，我们为什么不可以千方百计激发孩子对课业学习的兴趣呢？

至此，我们可以做一个小结，那就是：孩子的成才之路不是必然要与痛苦相伴的，平衡好兴趣与学习，或者说带着兴趣去学习，学习也可以很快乐。而帮助孩子在求学成才之路上找到兴趣这位好朋友，是每一位真正的好老师、好家长的职责。

第5节
打破考试"焦虑"怪圈

心理案例：考试总想去厕所

在心理咨询中，一个女孩向我诉说了自己的困扰：

"我是个高三学生，随着高考的临近，我的心弦越来越紧绷。面对一次次考试，压力很大，觉得特别累，我平时学习挺用功的，可最近一看到试卷，眼前就一片漆黑，脑子一片空白，即使做过的题也忘了。等考试结束了，走出考场又全都记起来了。结果丢了不少分，就更怕考试了。现在眼看就要高考了，我不知该怎么办。多少次，我告诉自己：不要紧张害怕。可是没有用，越是这样想，反而越紧张，学习和考试的效果也越不好。现在，我快要崩溃了！

"没想到，最近这次考试更大的不幸降临了。第一场考试之前，我就拉肚子。走进考场试卷刚刚发下来，我又想去上厕所。可刚和老师请假去了回来，我就又想去上厕所，结果又去了一次。就这样反反复复，直到交卷。奇怪的是，卷子一交，我就不想去厕所了。考第二场前，我先做好准备，去了一次厕所。可是刚进教室，那种感觉又来了……就这样终于熬过了三天的考试……

"您说我这是怎么了？我该怎么办？"

与读者共同深入探讨

女孩的症状是考试焦虑引起的。面对考试，有些同学会出现如下反应：情绪紧张、忧虑不安、担心害怕、手足发冷、心跳加快、肌肉紧张、头昏、视听困难、注意力难以集中、反应迟钝、思维混乱。这些都是考试焦虑的表现。

考试焦虑的危害有三：一是会影响考生的自我评价，降低自信心；二是会诱发大脑的超限抑制，降低大脑的活动效率；三是会引发许多生理反应，降低机体的机能。这三个方面相互影响、相互作用，就导致了考生的考试效率的降低。

也许有同学会说："我考试前也心里难受，是不是也有考试焦虑？"这要看是否妨碍了考试的操作，是否拉低了考试的成绩。比如，一个同学经常抱怨自己考试紧张，可成绩却并未受影响，这说明目前的紧张程度是他可以承受的，他不是一个真正的考试焦虑者。一个学生平时学习不错，可就是一到考场便觉得特别恐慌，只想着"这次一定考砸了"，一些平时背得滚瓜烂熟的公式无论怎样都想不起来，可一出考场便什么都想起来了。由于紧张，他联想出现困难，要花费很长的时间才能回忆起学过的知识，且答不完考试的题目，虽然复习很充分，成绩却总是不尽如人意。这位同学才是一位真正的考试焦虑者。

需要特别说明的一点是：面临中高考的同学们常常高估了自己的焦虑程度。在我的心理咨询工作中常常有这样的情况，来访的同学诉说自己怎样为考试焦虑而痛苦，可经咨询之后才发现原来属于正常情况。也就是说，面临考试，适度的紧张是正常且必要的。所以，我们要指导孩子，千万别过度担心自己有考试焦虑！

如果孩子的考试焦虑比较严重了，我们可以教孩子采取如下的心理策略。

策略一：把对考试的担心变成对考试的信心。

对考试结果的担心是考试焦虑的核心。对考试结果的担心多种多样，为了消除这些担心，不妨先把自己的担心明确化。具体做法是用一张纸，将自己对考试的所有担心、恐惧，一条一条明明白白地写下来。这样可以使困扰你的种种想法明朗起来。

比如，写出的第一条是"我担心我脑子太笨，考不过别人"，就想出尽可能多的理由来自我辩驳：谁说我的脑子不好？我只是在学习成绩上不像班上的一些尖子生那样好。可人的能力是多方面的，你在这方面有特长，我在那方面有天赋，谁也不比谁差多少。我只要踏踏实实地学习，就能考出最佳水平。况且，一个人的学习成绩固然与人的智力水平有关，可还有其他一些因素，比如，学习是否勤奋，学习方法是否得当，学习计划是否切实可行，以及自我调整和自我控制能力如何，等等，这些都与学习成绩很有关系。因此，即使我的脑子真不如某些人聪明，但只要我在其他方面发挥出优势，一样能够考出理想的成绩。

对列出的其他的担心，也这样逐一地找出理由自我辩驳。

策略二：把消极的心理暗示变为积极的心理暗示。

自我暗示的作用是相当大的。有一个人到医院就诊，诉说身体如何难受，而且自觉百药无效。一位心理医生接手后发现此人患的是"疑病症"，于是医生对他说："你患的是一种综合征。正巧，目前刚试验成功一种特效药，专治你这种病症，注射一支，保证三天康复。"打针三天后，求治者果然病愈出院了。其实。所谓"特效药"不过是极普通的葡萄糖，真正治好病的，是病人积极的自我暗示。

有些同学的考试焦虑较重，其原因往往就在于他们钻进了消极的自我暗示的怪圈。他们总会想：我不行，我就怕考试，我肯定会紧张，我又要失败了……人有时候是很奇怪的，你以为自己会怎样，结果你就会怎样。所以，知道了自我暗示的巨大作用，你就应把消极的自我暗示换成积极的自我暗示。

在考试过程中，你可以这样做。比如，遇到了不会做的题目时，千万不要一味地想："我怎么这么笨？""这次考试肯定没戏了。"而应该这样想："这道题我一时想不起来，不过没关系，我可以先想想下面的题目，这道题过一会儿再说。""这道题我感到困难，别人也可能感到困难，把别的题目答好，一样可以取得不错的成绩。"这样就可以稳定情绪，保持比较好的应试心态。

策略三：把紧张的心情变成放松的心情。

一是大笑放松法。笑是精神消毒剂。有句俗语说得好，一个小丑胜于一打医生。因此，在考前的复习中你不妨抽空去听听相声，看看喜剧小品，在开怀大笑中化解焦虑。二是运动放松法。机体的运动可以使精神放松。你可以在考前复习中抽空放下书，去踢一场球，或做点别的什么运动。三是呼吸放松法。考前或考场上紧张焦虑时，你可以深呼吸4次至6次。四是意念放松法。你可以将意念集中于丹田穴，而后想象意念向上移动，一步步直至头顶百会穴，同时吸气，再向后向下移至丹田处，同时呼气。五是片刻放松法。你可以抓住零碎时间，几秒钟就够，收腹、缩颔、扭动身体、打哈欠。这些方法都能够有效消除焦虑。

第 6 节
成才先成人

心理案例：尖子生的希望破灭了

建峰是个男孩，从小聪明伶俐、心灵手巧，音乐、美术、书法，学什么成什么，干什么像什么。大家都说，这孩子简直就是一颗耀眼的星，是一个天才的苗子。

可是，转眼建峰16岁了，该上高中了，他却待在家里半年多不上学了。眼见童星的星光黯淡下来了，父母痛苦至极，仿佛到了穷途末路，不知如何是好。

一颗耀眼的星为何很快黯淡了，建峰的成长中到底发生了什么？

建峰的出生，给父母带来了无限的希望。从小，父母就感觉建峰是那样聪明，于是，很早就开始了对建峰的教育，识字、数数、唱歌、画画，不胜枚举。建峰也学什么像什么。建峰三四岁的时候，就开始学电子琴，结果连续升级；后来又学钢琴，也是连连考级获奖……小小年纪，获奖证书一大摞。就这样，建峰成了远近闻名的小天才，成了一颗闪光的星。整个家族都热捧建峰，朋友邻里更是对建峰赞不绝口：小童星、小天才。建峰的父母无比欣慰。

6岁的时候，建峰上了小学。在学校里，建峰成绩喜人，考试总是得满分，班里的"第1名"仿佛成了他的专利。同学羡慕，老师喜欢，大家都围着他转，真是众星捧月啊。建峰总会把各种考试、竞赛的奖状带回家。到小学毕业的时候，奖状已经挂满了墙，简直没处挂了。看着孩子的奖状，父母仿佛看到了建峰考上重点中学、重点大学的样子。

父母越是对建峰的成才充满希望，就越是娇宠。生活上，建峰饭来张口，衣来伸手，什么也不用干，什么也不用想。父母全方位照顾，全方位呵护，真的就像捧着一颗星星，唯恐这颗星星不小心掉下来摔碎了。

父母以为，只要孩子有了好分数，就有了一切。没想到，如今除了好分数，建峰却什么都没有。每天早晨，建峰得靠妈妈爸爸叫起床，五次、十次、二十次，比哄娃娃还哄娃娃。而每到吃饭的时候，饭菜给他端上桌还不算，还要妈妈哄着，甚至亲手给他递筷子，要不他就不会自己去拿筷子吃饭。建峰连自己的生活都打理不好，更不用说照顾父母、关心他人了。用父母的话说，建峰没有孝心，没有责任心，没有对别人的关心，没有生活自理能力，没有人际交往能力，甚至可以说，没有基本的做人能力。

怎么会这样呢？孩子怎么会这样呢！父母虽然也为这点发过愁，但看到满墙的奖状，想到建峰的学习，就一美遮百丑了。

很快，建峰上了初中，考试成绩依旧一路领先。父母心里就更认准了：儿子就是上重点高中的料。于是，他们经常对建峰说：考个重点高中没问题。建峰也从心里接受了这个目标，把自己当成了考重点高中的种子选手，逐渐自满了起来。结果，凭借着聪明的头脑，建峰初一的成绩还可以，到初二"第1名"的专利便保不住了，考试名次一个劲儿地下滑：前3名，前5名，前10名……甚至后退到了年级200名左右，恐怕是与重点高中无缘了。

过去，建峰学习好是父母唯一的指望。如今学习好这一条又要指望不上了，这还了得！于是，建峰开始因为成绩遭受家庭暴力，父母开始抱怨，不是骂，就是打。随着建峰名次不断下滑，父母的打骂变本加厉：怎么能考出这样的成绩？怎么这样丢人现眼！于是，每次考试完，建峰都是战战兢兢的。如若考试成绩不理想，常常是妈妈知道了先打一顿，爸爸知道了又打一顿。其实呢？孩子所在年级全校1000多人，即便是考得最不好的那次也是年级200名，也是处于绝对的上游。如此成绩却遭到父母打骂，该是多么冤枉啊？

就这样被父母打来打去，到了初三第一学期的期末考试，建峰居然考了年级300多名。这下没等父母打骂，建峰自己就受不了了，他内心的希望彻底破灭了。就是从那次考试起，建峰就像换了一个人，整天没精打采、情绪郁闷、精神压抑、郁郁寡欢。看孩子这样，父母也不敢打骂了，一个劲儿地哄孩子。可是，建峰除了发脾气就是发呆，为此全家年都没过好。年后开学，建峰说什么也不去学校了。没办法，父母只好给孩子办了休学。

在家休养的这段时间，建峰除了看电视、玩电脑、打游戏，就是睡觉。刚开始好像还没有什么。可时间长了，建峰就开始摔东西、砸桌子、用脑袋撞墙了，整个人就像是被关在笼子里的一头野兽，暴躁无比。而且，建峰什么都不想干了，原来喜欢的钢琴也不弹了，自己的房间床铺也不整理了，也不出门和同学来往了，甚至连玩都不感兴趣了。

眼见孩子这样，建峰的父母每天如坐针毡。心里一着急，看孩子也就越来越不顺眼，从前是一美遮百丑，现在便是百丑尽显。结果，父母每天下班，只要走进家门见到建峰，就愁眉苦脸，没有好脸色。而且还总拿难听的话刺激孩子，弄得亲子关系十分紧张，家里的空气仿佛都凝固了，简直让人透不过气来……

这让父母很伤心。建峰的父亲是个忠厚勤勉的人，工作兢兢业业，待人诚诚恳恳，事业辉煌如日中天。建峰的母亲更是发奋努力，为人善良，工作干练，年年都被评为先进工作者。在家里，他们更是和睦邻里、孝敬老人。让他们困惑的是，孩子做人怎么一点不随他们？父亲总说："孩子这样没出息，我这辈子失败啊，真是彻底失败啊！"

这都是为什么？我们怎么办？建峰的父母带着这样的困惑开始了心理咨询。

这个案例，让人不由得想起那句话——成才先成人。或许，不少人以为这不过是一句流行的口号，一句说给别人听的空话。其实，这是一个真实不虚的道理，是一个人才成长的真谛，是一条心理发展的铁律。

建峰从小就成了远近闻名的童星，他可能确实天资较高。但是，由于父母忽略了他的人格塑造，忽略了非智力因素的培养。结果，用父母的话说，"同龄人该有的能力和品质他都没有"，正是缺少这些东西，让他的智力潜能没有得到很好的开发，让他的童星之光过早地黯淡了。

建峰的问题其实是一种人格偏差，或者说是一种人格扭曲，属于非智力因素与智力因素发展的不均衡。不善自理、不会负责、以自我为中心、意志脆弱、惧怕挫折，建峰这些不良品质，或者说人格缺陷，归根到底，都是畸形的家庭教育的恶果。

那么，建峰所受家庭教育的危害关键在哪里呢？

其实，无论是建峰成绩优异时父母的宠溺，还是建峰成绩退步时父母的打骂，其本质都是一样的，都是只重成才教育，忽视了成人教育；只重智力因素开发，忽视了非智力因素培养。这也是我们家庭教育上一个较为普遍的误区。

由于这样的家庭教育，建峰的非智力因素没有得到发展，最终智力因素的发展也受到了抑制。至于建峰目前的状态，折射出的是他陷入困境又找不到出路的内心困扰与混乱。

建峰的问题确实很难立刻得到很好的解决，但也不是毫无办法。首先，父母要改变自己，进而改善亲子关系，改善家庭气氛。父母可以把有些问题先搁置起来，尤其是把学习成绩的问题搁置起来，帮助孩子尽快返回校园，再逐步帮孩子减轻压力，调整自我期望。等孩子心态稳定了，再慢慢帮助孩子完善人格，培养非智力因素，进行"做人"教育的补课。

两次咨询之后，有了初步的可喜效果。建峰的父母说自己的心态有所调整，亲子关系有所缓和，家庭气氛也有所改善，建峰现在已经重返校园了，情绪也比较平稳。接下来，父母还要继续努力改变自我，改变教子观念，帮助孩子学习自理、学习自立、学习生活、学习做人。当然，这是一个循序渐进的"补课"过程。

为了少一些这样的"补课"，家长也好，教师也罢，我们任何时候都不要忘了：成才必须先成人。

与读者共同深入探讨

建峰从小就被当成一颗耀眼的星。可耀眼的星光很快黯淡了。这是为什么？一句话，父母光顾着培养孩子成才，而忘了先教孩子成人。用心理学的专业术语来说，这就是家庭教育只重视孩子智力因素的开发，而忽视了非智力因素的培养。

建峰的故事再次警醒我们：成才必须先成人。

可该警醒的难道只是我们的家庭教育吗？

不，这绝不单是家庭教育的悲剧。只重视智力因素的开发，忽略非智力因素的培养，只顾教孩子成才，忘了教孩子做人，这种情况广泛存在于教育的方方面面——家庭、学校……随处可见。因此，身处教育一线的教师也必须引起注意，我们应当致力于全方位培养学生，而不能专注于学生的学业成绩。

心理学告诉我们，一个人成才与否不完全取决于智力高低，而取决于其智慧行为中的两种心理机能系统的相互作用。其中，认知性心理机能系统在智慧活动中，具有直接参与对客观事物的认知及处理各种内外信息的具体操作的机能。人们把具有这类机能的诸多心理因素统称为智力因素，它们包括感知、记忆、思维、想象等。非认知性心理机能系统对智慧活动具有调节作用，它们对于智慧活动起始动、维持、强化、定向、引导作用。人们把具有这类机能的诸多心理因素统称为非智力因素，它们包括动机、兴趣、情感、意志、性格等。

心理学以"智商"表示一个人的智力水平，相对应地，非智力水平则用"情商"来表示。智商和情商对一个人成才各起多大作用呢？有人说：智商决定人生的20%，情商主宰人生的80%。我们不必拘泥于具体的数值，而应看到这两项数值背后的信息：情商比智商更重要。"更重要"的原因在于，人的潜在智能要得到很好的开发，靠的就是非智力因素。也就是说，非智力因素是开发智力因素的一把秘钥。一个孩子只有先"成人"，有了良好的品质，其智力天资才能得到很好的开发，才能真正成才。总之，还是那句话，成才先成人。人才，人才，非人何谈成人才？

明乎此，我们便应该在教育教学过程中更注重对"人"的培养，在此基础上，帮助孩子"成才"。

第 7 节
驱散"挫败感"的阴霾

心理案例：孩子要彻底崩溃了

今天，坐在我面前的来访者，是从外省远道而来的一对母子。男孩是一所重点高中重点班的学生，高高大大却表情漠然，似乎对心理咨询无所谓。母亲是一位中学教师，看上去很有气质、很有修养，可紧蹙的眉头难掩内心的急切和焦灼。

刚刚落座，母亲就急不可耐了："您可得救救我的孩子，他要彻底崩溃了！"

我递过水杯："不急，我们一起想办法，先说说是怎么回事。"

母亲稍稍平静了一些："大约两个月前，也就是期中考试后的一天，孩子因为身体不适请了两天假。没想到从此孩子就再也没能走进校门。我和孩子谈了很多，也请老师和他谈过，请亲朋好友和他谈过。孩子有几次答应去上学，可到了当天又不去了。看得出，孩子也挺痛苦的，常常把自己关在房间里。

有两次，我和孩子谈上学的意义，谈不上学的危害。孩子大哭，说自己要崩溃了，不让我说了。吓得我也不敢说了，只好把担心害怕藏在心里。对了，我和孩子的爸爸很早就分手了。为这，我心里总觉得对不起孩子，总想要好好补偿孩子。可以说，我的全部心思都放在了孩子身上，就是孩子上高中了，我还每天专车接送上下学。我不知道，自己这样是不是影响了孩子？其实我们之前也做过心理咨询。可是，孩子感觉不但没用，反而让他压力更大了，因为那位咨询师的口气跟一位严格的老师一样。后来我看到您的书，感觉您可以帮助我们，这才过来了。但是，孩子已经对心理咨询产生了排斥心理，不知道您有没有什么好办法。"

我听后不由得深思，这究竟是怎么回事？男孩究竟出现了怎样的心理障碍呢？

就心理咨询实践来说，求询者和咨询师合作得好不好，确实关系到心理咨询的效果。但是，这不好简单地归咎于咨询师的水平不足，而是双方匹配存在问题。看来，男孩和前面那位咨询师不够匹配，因而，男孩对心理咨询产生了排斥心理。这让我意识到，消除男孩的排斥心理，取得男孩的信任，是我们合作成功的第一步。

于是，和男孩的单独会话，一开始我就尽力营造轻松的氛围。我和男孩就心理咨询会话的特点做了讨论，通过具体事例让男孩切身感受到，我们的咨询会话跟师生谈话是不同的，一是更平等宽松，二是更保密安全，不必有任何顾虑。待男孩防御心理消除了，我们便开始进入正题。

说到"崩溃"的缘由，男孩说不知从何说起。于是我问："听说你出现症状是期中考试后，是期中考试考得不好吗？"

没想到男孩回答说："我期中考试是第1名。"

我没有掩饰自己的意外："那你平时的考试成绩怎么样？"

"平时也是在前10名吧。是这样的，我从小到大没经过什么挫折，我的成绩也一直不差。但是其实我不是个很努力的学生。小学的时候，妈妈不管我的学习，我的成绩也一般。到了初中妈妈说要努力了，给我压力，我的成绩就变好了，大概是班里前10名。进高中后我知道努力了，成绩也从入学时候的全校前200名前进到了前10名，后来又到了前3名，还拿过好几次第1名。因此，我还得到过'进步之星'奖。可我特别讨厌这个！"

我笑了："你是说，'进步之星'，意味着自己过去不太好，是这样吗？"

男孩点头："是，是这样。"

我对男孩有了初步的理解："那请了两天假后怎么不去上学了呢？"

男孩开始完全放松地交流了："是这样的，从上高中后，我几乎没请过假。这之前我请过一次假，那次是一天。不过当天晚上我就请人补课了，一直补到晚上11点多，总算把那一天的三门主课都补上了。第二天我就去上学了。"

"你是说，这样就感觉虽然请了一天假，但是没有耽误上课？"

男孩仿佛遇到了知音，再次点头："是的。这次我请了两天假，第二天晚上也请了人帮助我补课。可是，两天的课一个晚上怎么补得上？补不上我上学怎么能跟得上？就这样，第三天我就没有敢去学校。可是这样一来，落下的课不是更多了吗？就这样，越不敢去上学，落下的课越多；落下的课越多，我就越不敢去上学了。然后我就感觉，自己真是全完了！我很害怕、很无助，可家长、老师还有那位心理咨询师都只会给我讲学习的大道理，这就让我更加崩溃了。"

"你是说感到自己没希望了？"

"落下这么多课，我还有什么希望？"

"知道落下课不好，就更应该赶紧去上学呀。"

"可是我还怎么去上学啊！就说考试吧，我们学校考试是按名次先后排座位的。我每次考试都是在第一个考场的前几个座位。现在落下这么多课，考试不得退步到100多名去吗？甭说前几个座位了，就是前几个考场，大概都没我的份了，我还怎么参加考试？我还怎么去上学？我还怎么面对那么多同学和老师？一想到这里，我简直不想活了……"

至此，我们不难发现，男孩心理障碍的关键，是人格的不成熟，是意志的薄弱，通俗来讲就是，赢得起输不起。

从学习方面来说，他是一个聪明的男孩，一个要强的男孩，一个学习上一路成功的男孩。你看他，一个进步接着一个进步，一个成功接着一个成功，从小学到初中，从初中到高中，这样一步步走过来，他从来没有经历过失败，他不知道失败是什么滋味，他没有机会提升抗压能力。

从生活方面说，他也是一个不错的男孩，一个心地善良的男孩,但是,由于单亲这种特殊的家庭结构,过多的母爱,过多的呵护和娇宠,也让男孩习惯于身处顺境,没有得到应有的抗挫折锻炼。他不知什么叫挫折,更不知道什么叫迎难而上,面对困难和挫折,只会退缩和逃避。

总之,男孩只能面对进步和成功,不能面对挫折和失败。因此,面对"进步之星"这个荣誉,他会觉得特别讨厌。进步之星,虽然说明了有重大进步,但是也说明,曾经有过落后,曾经有过失败。连这都难以面对的男孩,突然面对因为缺课而可能导致的重大的挫折:返校上学,将面对失败,面对优越地位不再,于是,感到自己穷途末路了;不上学,又不知如何面对自己,面对未来。如此,怎能不纠结?怎能不痛苦?怎能不崩溃?无可奈何之下,他只有用躲在家里来逃避,用玩来逃避。

这种赢得起输不起的心态,碰到挫折和失败,直接的心理效应就是自我放大失败感,以强烈的自我消极心理暗示,自己把自己打倒。

为了让男孩领悟到这一点,我讲了跳蚤的故事。跳蚤堪称世界上跳得最高的动物。但是,实验室里的跳蚤,却让我们看到了另外的情形。实验者先把跳蚤放进玻璃杯中,跳蚤轻而易举就跳了出来。然后,实验者在杯子上罩了一个玻璃罩。于是,跳蚤每次往上跳时,都会撞到这块玻璃罩。连续多次后,跳蚤降低了起跳高度,每次跳跃总保持在玻璃罩以下。后来,就算实验者把玻璃罩拿掉,跳蚤也再没有跳出杯子。

我问:"你猜猜看,跳蚤心里怎样想?"

男孩答:"跳蚤想,我肯定跳不出去了。"

随后我又讲了大象的故事。大象如果使起劲来,自然界几乎没有什么东西可以拦住它。但是,马戏团里的大象却不是这个样子。小时候的象很调皮、很贪玩,所以,训兽师会用绳子把象拴在木桩上。它们被拴住后也想挣脱。但是,这时候的象力量还很小,它们经过多次努力,都没能挣脱木桩。于是,时间久了,象长大了,即使它们已经具备了轻易挣脱的能力,但只要把象拴在木桩上,象就会听任束缚。

我问:"大象心里又是怎样想的呢?"

男孩答:"大象想,我肯定挣脱不了了。"

"说得好。"我肯定地说,"这给我们什么启示呢?你回去想一想,我们下次再谈。"

很明显,我们第一次会话是很成功的。因为,第二天男孩在母亲陪同下如约来访,那份热情和积极性已经溢于言表。

这次,男孩主动谈了跳蚤和大象的故事给自己的启示,认识到自己的心态跟跳蚤和大象一样,也是自己把自己打倒了。随后,我们就脑力劳动效果与体力劳动效果的不同进行了讨论。男孩领悟到,就学生的学习效果来说,不是学习两天就比学习一天的效果好。课堂听讲是重要的,但是,绝非耽误两天课就会葬送整个学习生涯。所以,自己的担心只是消极的自我心理暗示,就像跳蚤和大象一样,是自己打垮了自己的信心,自己磨灭了自己的希望。所以,要靠自己积极自救。

沟通至此,男孩已经开始寻找心理自救的出路了:"我有两个想法:第一是放弃小高考……"

"什么叫小高考？"

"小高考就是高考不考的科目，只是考察科目。"

"为什么放弃呢？"

"我的意思是说，小高考60分达标，达标了就能参加高考。90分以上的，可以在高考总分上加上1分。最近一段时间，也就是我在家里这段时间，正是学校集中突击小高考的时间，开学后就该考了。以前我心里担忧的就是，小高考这些科目，我怎么补得过来？现在我想开了，小高考达标就行，不去争那几分了。"

"好。第二个想法呢？"

"第二是放弃那个高度……"

"放弃哪个高度？"

"就是不再争年级前几名了。我本来的目标就是考我们省的一所重点大学，以往我们学校年级前200名都能考上，我就算考得最差的一次，也还是在200名以内，所以我肯定没问题。这样，我就可以轻装前进，轻轻松松地念完高中。等到了大学，我再进一步发展自己。"

我和男孩再次握手："好得很！这样你就解放了自己。而且我可以告诉你，人一旦消除了自己的压力，取得的结果往往还能比预期更好。"

希望的阳光重新照耀在了男孩的脸上。

最后，我和男孩的母亲做了一次详尽的交流。男孩的母亲听了我的分析后有了很深的反思，知道过去自己对孩子管得太多，爱得太多，呵护得太过了。这才让孩子心灵不成熟，意志不坚定，赢得起输不起。男孩的母亲表示，自己一定会好好调整自己，做一个"懒"妈妈，做一个"狠"妈妈，放手让孩子锻炼自己。

年后，果然有好消息传来。男孩的母亲拨通心理咨询专线告诉我，开学后男孩已经重新走进了校门，而且每天都是开开心心的。我知道，为了这可喜的改变，他们母子一定付出了不少努力。我也相信，他们母子的努力一定不会白费的。

与读者共同深入探讨

综观案例，男孩问题的症结是什么？是逆商低。

什么叫逆商？

我们已经知道，人的智力水平用智商（IQ）表示，相对应的，非智力水平可以用情商（EQ）来表示。而且心理学告诉我们，情商对人生的发展比智商更重要。

在人的非智力因素中，意志品质是重要的。所谓意志，就是人自觉地确定目的，支配自己克服困难以实现目的的心理过程。意志力是人所独有的心理动力，是人生道路上的一种强大的推动力，推动人成才，走向成功。

在人的意志品质中，最重要的就是抗挫折能力。为此，与智商和情商相对应，心理学家提出了逆商（AQ）的概念，全称逆境商数，也有的译为挫折商。

所谓逆商，就是人面对逆境时的反应方式，指向的是人面对挫折、摆脱困境和超越困难的能力。同样的打击，逆商高的人产生的挫折感低,而逆商低的人就会产生强烈的挫折感。前面案例中的男孩遇到一点挫折就崩溃,心理症结就是逆商低。

在逆商测验中,一般考察四个关键因素:控制、归属、延伸和忍耐。控制指人对逆境有多大的控制能力;归属是指逆境发生的原因和人愿意承担责任、改善后果的情况;延伸是对问题影响工作生活以及其他方面的评估;忍耐是指人认识到问题的严重性以及它对个人的影响会持续多久。了解了这四个关键因素后便不难发现,一个人的发展如何,在很大程度上取决于逆商的高低。所以,当我们说情商对人生发展比智商更重要的时候,其实很大程度上是说逆商对人生发展更重要。

然而,我在心理咨询和教育实践中发现了一个非常普遍的现象:今天我们不少中小学生的逆商都偏低。他们缺乏顽强的意志,缺乏抗挫折的能力,心理脆弱得经不住一点点冲击,遇到一点挫折、失败、困难、坎坷、冤枉、委屈,就痛苦得仿佛到了人生末路:轻者如前面案例中的男孩,赢得起输不起,遇到一点挫折和困难就崩溃;重者甚至小小年纪就走上了不归路。这种逆商偏低的现象,说得形象一点就是"缺乏精神钙质"。

然而,这能全怪孩子吗?不。我认为还需要在教育方面找原因。首先,家庭教育有不可推卸的责任。正是父母"好心"为孩子提供的"保险箱","培育"了孩子们像豆芽菜一样软弱的意志。其次,我们的学校教育也责无旁贷。每一位教师,每一位教育工作者都需要扪心自问:在智商、情商、逆商三者之间,我们是不是更看重孩子的智商?在提高分数和磨炼意志之间,我们是不是更关注孩子的分数?

所以,我们的学校教育应该和家庭教育一起,为中小学生补足"精神之钙",磨炼他们的意志,提高他们的逆商。

那么,我们应该怎么办呢?

一是要让孩子经受困难的磨炼。没有经历过困难,就无法形成坚定的意志。每一次克服困难,都是在对意志进行磨砺。当然,我们无须有意为孩子设置困难,因为人生路上本就处处有困难;但我们也无须有意为孩子排除全部困难,因为孩子有权享受克服困难后的自豪与快乐。我们只要把真实的生活还给孩子,他们就会从中得到磨炼。

二是要培养孩子的挫折耐受力。首先我们必须让孩子明白,人生不如意十之八九。其次应该教学生正确对待挫折。挫折有双重性,既会使人悲观失望,失去前进的动力,又会使人释放出强大的意志力量。最后,我们需要教孩子一些心理调节的方法。在前面的案例中,我正是从这一点出发,为男孩提供心理支持的。教师可以直接给孩子这样的心理支持,也可以帮助孩子寻求这样专业的心理支持。

三是要给孩子找点"苦"吃。许多国家都会每年举办"铁孩子"运动会,比赛内容为连续进行长距离游泳、骑车越野和长跑,非常辛苦。也有一些国家会为中小学生开设锻炼课,在严冬组织孩子身着短衫短裤进行户外长跑,让孩子们上好"吃苦"这一课。还有的学校会给孩子吃"饥荒餐",吃他们祖辈在战后饥荒年月里吃过的东西,一连吃三天,尽管有的孩子会"号啕大哭",学校也不会"心慈手软"。这些方法虽不能依样套用，但在磨炼孩子的意志，培养孩子的逆商，为孩子精神补钙方面，学校和教师仍大有可为。

第二章

读懂恋爱心理：帮助孩子走出早恋迷局

第1节
面对"初恋"不必慌

心理案例：她为什么移情别恋

走进心理咨询室的男孩，帅气的脸上带着几分郁闷。初步沟通后我得知，他是个品学兼优的高中生。这样一个男孩会有怎样的故事呢？

他皱起眉头开始讲述自己的故事："中考后的暑假里，有一个女孩加了我的QQ，她原来是我的初中同学，是一个很优秀的女孩。我们在网上聊得很投机，不久我们就开始了交往。

"虽然我们考入了不同的高中，但每天放学回家，我们都在网上聊天。我们仿佛有说不完的话，每次都聊到很晚才带着甜甜的思绪进入梦乡。后来，我们的秘密被双方家长发现了。但家长的干预并没有分开我们，我们只是行事更隐秘了。

"也许是我们真的有缘，后来我们又搬到了同一个小区，而且两栋楼相距不远。这让我们有了更多的相处机会。除了网上聊天之外，我们还当起了'地下工作者'。在我们楼下的地下室,有一道安装线路用的小闸门,这个谁都不在意的地方,成了我们秘密接头的地点。每天,我都会把写好的纸条偷偷放在那里,她放学从那儿路过时偷偷拿走。然后她再在那偷偷放上她写的纸条,我再偷偷取出来。就这样,我的抽屉里已经收藏了好多她写给我的纸条,那里面记录着她给我的鼓励、给我的安慰。在这种相互鼓励中,我们共同努力着,我们各自都有了很好的发展,取得了很好的成绩。那是我最幸福的一段时光。

"但是,不幸还是降临了。我永远都忘不掉那天,我像往常一样满怀欣喜地取回她留给我的纸条,可上面的一行字却让我呆若木鸡:我们分手吧!原来,她喜欢上了一个同班男生。为什么会这样!我伤心极了,含泪给她写了一封长长的信,表达我的真情,放在那个曾经见证我们感情的地方,却不见她取走。我只好又找朋友帮我转交给她。可是,朋友带回来的答复纸条却只有三个字:对不起!

"她为什么不顾我们的海誓山盟?她为什么移情别恋?

"我是个重感情的人。我真的受不了了!我开始消沉,每天没精打采、萎靡不振,听不进课,读不进书,也无心写作业。随之,我学习成绩下降,考试名次下滑,眼看不可救药了。这时,老师发现了,找我谈话,说我真傻。家长发现了,对我发火,骂我没出息。我无话可说,我也不想这样消沉下去。可是,我该怎么办?我该怎样走出那段感情?

"您能帮帮我吗?您是不是也觉得我很傻?觉得我没出息?"

这个男孩的问题很有代表性,其实,在青少年性心理发展的过程中，通常会经历这样几个时期：小学时候的排斥疏远期；初中时候的积极接近期；高中时候的模仿初恋期；大学时候的成熟恋爱期。这个高中男孩，就是处于模仿初恋期。

在高中阶段，随着性心理的进一步发展，男女同学开始在共同愿望和理想的基础上建立起纯真的友谊。与此相伴随的，是异性朋友之间带有情感依恋的相互交往。这就使他们进入了模仿性的初恋期。

自然，此时男女同学的交往和感情，与正式的成熟恋爱不可相提并论。这时男女同学的"初恋"，具备一种模仿性，详细来说，具有三个特点：一是行动不自觉。读了爱情小说，看了爱情影视，就可能盲目模仿，其行为带有冲动性，缺少自觉性。二是对象不稳定。这时候的所谓交往对象，虽然不像积极接近期那样多变，但是依然很不稳定，很容易"移情别恋"。三是感情不持久。说好就好，说坏就坏，"海誓山盟"张口就来，却又很快抛到九霄云外。于是，给人一种"朝秦暮楚"的感觉，以至时常闹出所谓"情感不专一"的故事。其实，这跟专一不专一没什么关系，这本身就是模仿性初恋的特点。这说明，模仿性的恋爱不是成熟的恋爱，只是一种由于相互吸引而产生的模仿性行为，是一种恋爱的"演习"或"预演"。

初恋之情是一朵美丽的花，却是一朵难以结果的花。对初春的生命来说，这种成长的体验，就是初恋之情的全部意义。我们不能将这种初恋之情当作成熟的爱情，它更多的只是一种青春悸动，一种对美好情感的向往。

由于模仿性初恋的特点，分手便是经常上演的故事了。谁遭遇"被分手"心灵都会受到重创，陷入迷惘。此时，他们需要的不是批评而是帮助，帮他们走出迷惘，安顿好自己的心。

至此，面对男孩的问题，我开诚布公："你是个好男孩，因为你是个重感情的人。如果面对这样一段感情的失去可以无动于衷，那么，你就一点也不可爱，而是很可怕了。一个无情无义的人，谁敢和他打交道呢？就因为你重感情，所以，马老师很看重你，甚至敬重你。不过，重感情也要懂感情，重感情的人不应该做感情的奴隶，而应该做感情的主人。"

男孩睁大眼睛看着我："真的感谢您这样说。我就是想做感情的主人，控制自己不想这件事，可越是想控制越是想得厉害。您说，我该怎样告别痛苦？"

在接下来的交流中，我给他提了两点建议：

第一个建议是顺其自然。

在心理学中有个逆定律，人的心理常常是越是不想让某个念头出现，它越是频繁出现，越是和它斗争，它越是表现强烈。所以，如果哪一天你又想起这段感情，就尽情地去回味，不阻止、不控制，顺其自然。时间会冲淡一切。如此，你就在不知不觉中告别了痛苦。

第二个建议是转换心念。

转换心念就是把对感情的纠结换成认知的调整，就如同科学探秘一样探索那段感情。等你重新认识了那段感情，你也就成长了。那个女孩为什么喜欢别的男孩？其实这很符合邻近性人际吸引的规律。人与人在活动空间上的接近，便于彼此之间的相互吸引，便于形成彼此之间的密切关系。你想想看，当初她之所以喜欢你，是不是因为你们是初中同学，加上好友之后又总是聊天？同样地，她喜欢上了现在的男孩，也是因为他们是同班同学。但，这其实都不是成熟的恋爱。

随后，我又谈到了模仿性初恋的特点，最后说："这样的初恋，不妨叫'初练'，是恋爱的初步演练。初练会带给人甜蜜，也会带给人苦涩；会带给人幸福，也会带给人痛苦，而它的全部意义就在于一个'练'字，练过，经历过，就有了心灵的成长，就为成熟的恋爱做好了心理准备。既然初恋就是初练，那么'移情别恋'就是必然。不然怎么走向成熟的恋爱呢？如此说来，你所经历的这些都是你们这个年龄的人所应该经历的，它不会打垮你，只会让你更好地迎接成年后的恋情，你说是吗？"

听到这儿，男孩紧蹙的眉头舒展开了："谢谢您，您让我重新认识了我们的故事，我会坚强起来，积极进行自我调整的。"

与读者共同深入探讨

不知从什么时候开始，中学校园里男女同学之间萌生的爱慕之情，被人冠以"早恋"的称呼，而且口口相传，似乎已成定论。

于是，我们不少成人都高举着"早恋"这一挞伐之鞭对孩子"围追堵截"。有多少家长、多少教师，一见男女生交往，哪怕是一起谈话、一起走路，互相写一封信、递一个纸条，就将其定性为"早恋",接下来就是煞有介事地研究如何防治。

其实,男女生之间的感情并非我们所说的"恋爱",而是性心理发展到了积极接近异性时期的一种自然的感情流露。再说,恋爱什么叫"早"?说不到法定结婚年龄恋爱为"早",相信谁也不会点头。说不到恋爱年龄的恋爱为"早",那么又如何界定恋爱年龄本身呢?不知从什么时候起,早恋这一既模糊又尴尬的概念谬种流传起来。所幸谬误终归是谬误。

其实,少男少女之间相互产生的爱慕之情,本应该叫作初恋。这种初恋是拒绝世俗的功利主义的,是不考虑婚姻的一种纯美的感情。初恋是人生第一朵绽开的鲜花,如初升的朝阳一样美好。平心而论,一个身心健全的人,谁没有过年少时初恋的美好回忆?虽然它像梦一样迷蒙而短暂,但它带给人的那种温馨、感动,难道不是培养人崇高情操的精神营养之一吗?说句实在话,如若谁在年少时没有过初恋,那才是一种人生的缺憾。

不错,初恋是幼稚的。但万事万物不都是从幼稚发展到成熟的吗?我们为什么一定要把人类正常的异性情感的初始阶段视为过错呢?人们之所以发明"早恋"这么一个荒谬的概念,就是因为很多人对青少年的正常心理发展缺乏了解,对于初恋这种客观存在不愿承认,不敢正视,更不想肯定。于是,他们高举"早恋"这一挞伐之鞭,对青少年的初恋共讨之、共伐之。于是,使青少年的心灵饱受创伤。

我在这里肯定少男少女的两性感情,并不意味着我支持少男少女盲目坠入爱河。他们到底还小,还不识"水性",还招架不住爱河中巨大旋涡的冲击，一不小心就会被爱河淹溺。因此，我们需要对少男少女的异性交往给予指导，帮助他们度过这段旅程。

如果孩子已经处于初恋之中，我们在进行心理辅导的同时，还应教给孩子一些应对方法。

如果孩子是被动方，接到对方的求爱信后该怎么办呢？

一是若无其事。写信的人很可能是一时冲动，如果急于回信，对方可能会误以为你也有意，可能会继续对你"发动攻势"。因此，不妨装作若无其事的样子与其正常交往，既不过分疏远和回避，也不过分热情和亲近，要落落大方、不卑不亢。久而久之，对方就能够意识到你无意于他，就会"知难而退"了。

二是直接谈话。直接表明自己的观点。在婉言回绝的同时明确表示，自己会珍惜双方的友谊，并希望继续保持同学之间的正常关系。并且可以向对方保证，自己会保守秘密，不会将此事告诉别人。若不起效果，还可在交还对方信件的同时告诫对方，不要再写了，否则就要交给老师或家长了。总之，回绝的态度要坚决，方式要恰当，语气要温和。

三是求助他人。比如，请自己信赖的同学或老师表达婉拒之意。

如果孩子是主动方，又该教他怎么办呢？

一是降温法。初恋之情的特点就在于会让人头脑发热，所以，哪一天发觉自己开始暗恋一个人，降温法是首先可以采取的一个对策。即最大限度地发挥自己的理性，不断警醒自己：初恋虽然美丽，却是一朵无果的花；初恋虽然美好，却是一颗青苹果。这样科学理性的认知，可以起到给自己的头脑降温的作用，那缕情思也许就会悄然飘散，使心灵归于安宁。

二是珍藏法。如果降温法无效，爱慕向往之情难以消散，又没有向对方表白，就可以采用珍藏法了。把这份暗恋之情好好地收藏在心底，不付诸行动，但可以在闲暇的时候尽情想象一番。这样既可以免去许多无谓的烦恼，又可以满足心理的需求。

三是冷冻法。如果双方已经有了情感的互动，这时候最好是双方协商好，把这份感情暂时冷冻起来。待到以后适当的时候，再让这份感情生长起来。

四是升华法。如果双方的感情已经很深了，就应该拿出对对方负责的真心，做一个约定：暂且把青春的热情和生命的能量，投入到学业中去，成就自己、成就对方、成就彼此的人生，为爱情的大厦奠基。往后，自然会收获属于彼此的成熟的爱情。

方法有限，爱心无限。心理咨询的实践一再证明，只要我们拿出对孩子的真爱，只要我们以平等的眼光看待孩子，就能够敲开孩子的心门，滋润孩子的心田。

第2节
发挥心理栅栏作用

心理案例：应该怎样看待"第一次"

一位女孩来信说："马老师，我是一名高二女生，有一个问题困扰我很久了，我想请教您。

"有一晚，同学们在宿舍里谈论到了'性'的问题。说实话，我们这个年龄的女生，有很多已经失去了'第一次'。虽说现代社会大家的思想都比较开放，可面对'第一次'的问题，我心里依然很矛盾。我也交往过一些男生，他们也想和我……但是，我都极力拒绝，守住了'第一次'。关于这个问题，我也问过一些关系比较好的女友，她们有的认为这是很丢人的事，有的认为如果是跟自己喜欢的人就怎样都行，有的认为这是无所谓的事……

"马老师，我现在真的很矛盾。有时候妈妈对我旁敲侧击，说如果'第一次'没有了，这是一辈子的事，要被人瞧不起的。可有时候，我又觉得这是正常的行为，有没有过都没有什么可丢人的。您说,我们究竟应该怎样看待'第一次'?请您一定要帮助我,期待您的回信!"

事不容缓,我当即给女孩复信:"首先感谢你对马老师的信任,和马老师讨论这样一个非常隐秘的难题。作为一个青春期的女孩,究竟该怎样看待'第一次',确实是一个严肃的人生问题。你写信求助,这本身就表明了你对'第一次'这个问题的认真态度,这是值得肯定的。

"首先,有一个问题你需要搞清楚。你们这个年龄的女孩,确实有的已经跟人发生过性关系,用你的话说已经没有'第一次'了。但是,绝不是'很多',恰恰相反,是'很少',中学女孩跟人发生过性关系的绝对是少数。这也从侧面告诉我们,即便是观念开放的今天,在绝大多数人心里,有关'第一次'的问题也不是无所谓的,绝大多数人还是非常在乎'第一次'的。"

随后,我向她解释了守住"第一次"的意义,以及放纵自我的危害。最后写道:"总之,马老师支持你守住自己的'第一次'的决定,理性地对待自己的感情,珍爱自己的身体。那样人生会少一份遗憾,多一份幸福。希望听到你的好消息,祝福你!"

与读者共同深入探讨

都说男人有"处女情结",其实女人也有"处男情结"。我们不妨把这种处女情结和处男情结,统称作"第一次情结"。

就是说,通常男女在心理上,都希望婚恋的另一半是处男或处女,如果此前对方把"第一次"给了其他异性,内心就会非常不是滋味,甚至可能会导致恋情和婚姻破裂。

第一次情结是男女共有的心理情结,也是男女都要郑重看待的问题。

从心理学角度来说,第一次情结,通常是男女之间在婚前性关系上的一道"心理栅栏",起着约束婚前两性关系,促进和维护婚姻关系的作用。因为有了这道心理栅栏,人们对婚前的性行为才少了一分放纵,多了一分约束;少了一分轻率,多了一分审慎;少了一分混乱,多了一分有序。不仅在过去是如此,即便是在观念开放的今天,婚前失去第一次的男性和女性也仍然是少数,更多的还是把自己的第一次献给婚姻的另一半。

可以说,第一次情结的存在对于我们来说是有很大的积极意义的。

首先,第一次情结有利于心理健康。我在心理咨询中发现,因为轻率失去第一次,不少人深陷心灵困境,这严重影响了人们的身心健康。而第一次情结的心理栅栏作用,便可以减少这样的心理伤害,维护男女青年的心理健康。

其次,第一次情结有利于人格成熟。调控性本能的欲望,约束婚前的性关系,需要有顽强的毅力,需要有责任心,需要动用主宰自己的人格力量。而第一次情结的心理栅栏作用,正好可以助长这样的人格力量,推动人格的成熟,促进人性的发展。

最后，第一次情结有利于日后婚姻和谐。正是由于第一次情结的心理栅栏作用，双方避免了轻率的婚前性关系，也就避免了留下心理遗憾，这必然会给人们未来的婚姻奠定良好的基础，促进婚姻的和谐与幸福。

在中学校园，特别是高中校园中，如何引导孩子正确对待"第一次"，已成为了一个不容回避的现实问题。无论是家长还是教师，我们都应该给予孩子正确的指导。

我们应该引导孩子，特别是引导女生，对第一次情结形成足够的认识，避免等到性关系发生之后，品尝自己酿造的苦酒。我们应该使孩子认识到，如果盲目地冲破这道心理栅栏，就要准备为此付出代价。性并不等于爱，不要拿性来检验爱，自欺欺人；也不要拿性来套牢爱，自作自受。如果没有爱，仅仅屈从性本能的放纵，更会自食恶果。任何性的放纵都是与爱相背离的。爱，需要负责，需要尊重。在两性交往的过程中，我们要鼓励孩子充分发挥第一次情结的心理栅栏作用，坚定地守住自己的"第一次"，自珍自爱，主宰自己的欲望。

第 3 节
"同性依恋"并非"同性恋"

心理案例：我是不是同性恋

一个女孩向我倾诉：

"我明明是个女孩，可是我却非常喜欢女生，特别是我旁边的那个比我大一岁的漂亮女生。她在的时候，我很爱呆呆地看她；她不在的时候，我就若有所失。当我和她一起玩的时候，我就会特别开心；当我看见她和别人玩的时候，我心中就特别不舒服。在我的心中，她是那样完美，那样有魅力，我很想拥有她。这是为什么？我是不是同性恋呢？我该怎么办？"

一个男孩也向我倾诉：

"我是一个男孩，却对男孩子感兴趣。这种感觉开始于我上初中的时候。那会儿有一个男生很聪明，我经常向他请教问题。而且他肌肉发达，和他在一起有一种很强的安全感。很快，我们就成了好朋友。可是，随着交往越来越密切，我感觉到了有点儿不对劲。比如有时候他不在，我就会有点儿想他。

为此我经常质问自己：你难道想独享他的感情吗？你这不是同性恋吗？"

与读者共同深入探讨

怎样解读男孩女孩这样的情感故事呢？

其实，这两个情感故事中的主人公都不是同性恋，而只是显露出了一种少男少女普遍存在的"同性依恋情结"。

在与同性朋友的交往中，有些女孩子似乎是个"小妹妹"，渴望结识年龄稍长的，能保护自己、爱护自己的同性同学，而有些女孩则乐意扮演"姐姐"；有些男孩子似乎像个"小弟弟"，愿意和见多识广的人交往，并特别崇拜那些有创造性、有独立见解、学业有成的同性同学，而有些男孩则恰好乐于充当"哥哥"。这在青春期都是十分正常的。因为他们正处于渴望友谊的年龄阶段，会急切地想寻找知心的朋友。而受传统文化的影响，异性之间的交往和亲近，总容易受到别人的注意和非难，而同性间的接近和亲热，则相对自由轻松。于是，这种同性的友谊就日渐加深，甚至笼上一层"爱慕"的疑云，同性依恋情结便产生了。

同性依恋与同性恋的区别就在于：同性依恋的性倾向只是暂时的混乱，不专门指向同性，是一种暂时性的情感寄托关系；而同性恋的性倾向专门指向同性，同时多有性爱关系，而且往往有先天的生物学上的原因。所以，我们不能盲目地给同性依恋戴上同性恋的帽子。有同性依恋倾向的青少年，绝大多数都会很快发展到两性爱慕，不会发展为同性恋。

尽管如此，我们对这类同性依恋现象也切不可任其发展。因为如果不及时疏导，这种情结加深到一定程度后，是存在发展成同性恋的隐患的。再有，同性依恋对青少年的身心发展也会产生不利的影响，严重时还会使其丧失独立性和完整人格。因此，我们要帮助青少年避免或化解同性依恋。我们主要可以从这三点入手：一是为青少年创造异性交往的宽松环境；二是对青少年进行交友指导；三是对已有此征兆的青少年进行说服疏导。

然而，在现实生活中，总有相当一部分教师对男孩女孩的异性交往看不惯、不放心，而对男孩女孩的同性交往毫无意见。可是，男孩女孩只愿意和同性交往，才是真正令人担心的事。因为，异性间的适度交往，是青少年成长的"必修课"，既有利于促进他们性心理的发展又有利于完善他们的人格。因此，我们对男孩女孩的异性交往，绝不能围追堵截，而应该科学看待、正确引导。

第 4 节
巧解"师长仰慕情结"

心理案例：一个男孩心中的秘密

在心理咨询中，一个男孩这样讲述心中的故事：

"我是一名17岁的高中男孩，我很喜欢上英语课，因为我很喜欢我的英语老师，她是一个刚从大城市来这里的大姐姐。看到她那美丽的面容，听到她悦耳的声音，总让我觉得非常舒畅。在口语对话中，我知道了她是一个刚刚23岁的师范毕业生。渐渐地，她的容貌在我的脑海里定格为一幅美丽的图画：一头长长的秀发犹如瀑布飞流直下，一身粉色的连衣裙随风飘动，一双洋溢着神采的大眼睛，既像两汪明澈的清泉，又像深蓝的天空中镶嵌的两颗明星……

"每次上她的课，我的眼睛都会一眨不眨，入神地看她微微抬起右手板书的动作，觉得她的每一个动作都是那么优美。我会竖起耳朵倾听她的每一句话，觉得她的每一句话都是那么动听。为了跟她多说话，我每节课都会向她问问题。因为只有这样，我才能靠近她，才可以多听到她的声音，闻到她身上淡淡的清香。我不知道这是师生之间的爱，还是朋友之间的爱，还是……靠自身的努力和她的精心辅导，我的英语成绩突飞猛进，也正因此，我更喜欢这位老师了。

"有一次，我写了一篇关于她的文章。在文章中我稍稍透露了我对她的爱。因为这篇文章，我被叫到了校长办公室。校长给我上了一堂'思想教育课'。就是在办公室里，她读到了我的作文以后，我第一次看见她脸红了，红通通的，很好看。本来我还不觉得有什么，可当我回到教室里，受到了同学们的嘲笑时，我一下子就觉得脸上火辣辣的。

"再上她的课时，我变得不敢抬头看她。无论她的课讲得多么好听，我也只是埋头看书。我和她的直接接触也变少了，偶尔在食堂或操场碰到她，我都会绕道。有了学习上的问题也不敢问她。我不是怕自己受批评，而是怕其他同学的议论对她产生不利的影响。毕竟她还是一个未婚的女孩，毕竟她是我的老师。如果我再不控制自己，就是罪过了。

"这样煎熬的日子持续了半个学期。到期末，考试成绩下来了。让我吃惊的是，在这半个学期内，我的英语成绩竟然由班里第2名退到了班里第78名。见我退步得这么厉害，她连续找了我三次，说要我和她谈谈，但我都摇头拒绝了。因为我知道，班里不止我一个人对她有朦胧的爱，而且我现在成绩这么差，也没有脸面见她。但是，她还是强烈要求我去和她好好谈谈，而且，为了避免我过度紧张，她将谈话地点选在了她的宿舍。下自习了，我本打算继续逃避，但她房间的灯依然亮着。

我想来想去，最后还是敲门进去了。

"我们谈了很长时间。最后我终于鼓足了勇气对她说：'老师，我爱你！'这句话藏在我心中已经好久了，今天终于说出来了，我很高兴。但是，这句话一出口，我就意识到了自己的失态。毫不意外，她再次脸红了，但是，很快她就静静地流下了泪水。我知道，一定是我的这句话伤害了她。

"第二天上英语课时。我看见她的脸上虽然没有了泪水，可眼圈却是红红的。其原因只有我一个人知道吧。我正愧疚着，她却突然从衣服口袋里拿出一张照片跟全班同学说：'谁能在三年后考上复旦大学，我就把这张照片送给谁。这张照片上有我的联系方式。'听了这话，我不由得精神一振。于是，我又拿起了英语课本……"

与读者共同深入探讨

尊敬老师，喜欢老师，这是学生应有的感情。但是，在中学的校园里，常常有些学生对老师的感情超出一般的师生感情，出现了一种叫作"恋师情结"的心理现象。

总体来说，恋师情结来源于青少年性心理的发展。国内外心理学的许多研究者认为，在青少年性意识发展的必经历程中，存在一个向往年长异性的阶段，有人称之为"英雄崇拜"阶段，有人称之为"牛犊恋"阶段。在这个阶段中，青少年总会于一个远远的位置观察所向往的对象，会为其着迷，并将其偶像化，对其产生强烈的精神依恋。而被青少年当作迷恋对象的人，往往是他们周围年长的异性，或因容貌，或因才识，或因能力，或因人格，这些人对青少年产生了强烈的吸引力，引发了青少年的爱情幻想。如果这种感情是发生在学生与老师之间，我们就会将其称为"恋师情结"。

恋师情结产生的原因主要有两个。

从教师方面看，在学生所能接触到的年长者中，除了家长，与他们接触最多的便是教师。一般来说，教师在德、才、识诸方面发展又较好，足以为学生所敬仰。因此，教师极容易成为正处于青春懵懂期的学生的爱恋对象。

从学生方面看，心理上出现恋师情结的同学，往往独立性比较差，易对他人产生依赖心理。再有，则是他们的某些情感需要未能得到满足。比如，有些女生缺少父兄之爱，有些男生缺少母爱，就会通过恋师寻求替代性的补偿。

那教师应该怎样对待恋师情结呢？

首先，教师应该给学生以心灵的导引，让学生切身领会到：如果自己的心中萌生了一份美丽纯真的恋师之情，最好是让它悄然化为人生的一种动力，帮自己走向成熟。正如前面那个男孩最后重新拿起了课本一样，我们应该将这种朦胧的依恋化为学习的动力。至于未来，谁能料定你未来的爱是怎样的呢？何况爱绝非一厢情愿。日后，如果你心中那份对师长的情感能够在成年的基础上转化为成熟的爱，两相情愿，再来收获爱也不迟，不是吗？

其次，教师还应该给自己以心灵的警醒，理智而负责地应对学生可能出现的恋师情结。可以这样说，在中学，特别是在高中，几乎每一个教室里、每一次课堂上，都会有学生对老师"心驰神往"。你不要说不会有学生迷恋你。心理咨询实践一再证实，不管你是男教师，还是女教师；不管你是青年教师，还是中年教师；不管你是自觉才貌出众的教师，还是自认才貌平平的教师，都有可能成为学生迷恋向往的对象。

　　面对这种迷恋，作为教师该怎么办呢？前面那个男孩是幸运的，他遇到了一位好老师。这位年轻的女教师以自己的照片相许，也许未必是上策。但她既维护了男孩的自尊，又激励了男孩学习，这份善意难能可贵。这启示我们，不论采取怎么样的具体方式，对学生负责是最根本的。

第 5 节
弥补孩子的情感缺失

心理案例：男孩女孩的恋师迷情

案例一："记得还是很小的时候，妈妈爸爸因为工作，把我寄养在姥姥家，只有放假的时候才能见他们一面。虽然姥姥、姥爷都很疼我，但是，我却还是整天想爸爸、想妈妈，我常常感到孤独。

"幸运的是我遇上了一个好老师。她是我的班主任。虽说她是班主任，可是我一点也不怕她，因为我从心里喜欢她。她很爱笑，笑起来好看极了。我平时喜欢在日记里写些自己的心事，她就经常给我写评语，比如，'不以物喜，不以己悲，抬头看远方，胜利属于你……'到放假的时候，我就把那些评语剪下来珍藏。有一次春游，我还和她照了一张合影。就这样，我在不知不觉中喜欢上了她。

"可是渐渐地，我发现她对我越来越冷淡了，我不知道这是怎么回事，我脑子一片空白。在这个岔路口，我不知自己是该继续追寻,还是该放弃?"

案例二:"从小我就对老师有一种特殊的爱。我总想要他们对我好一点,要他们特别关心我。而一位外语老师的出现,让这种情感达到了顶峰。她帮助我、安慰我、关心我,我非常感动,甚至觉得她是我最喜欢的老师。经过一年多的相处,我发现我对她爱得越来越深了。我总想和她依偎在一起,以一个女儿的身份去关心她、爱她。事实上,在我的心里,早就把她当成母亲一样看待了。

"不是我不喜欢自己的母亲,而是只有从她身上我才可以找到那种温馨的感觉。我的父母常年在外打工,我和父亲母亲从来没有好好说过话。而在她身上我可以找到一种被母亲关爱的感觉。以前我对一个女老师也有过这样的感觉,我向那位老师说了我的想法,被她拒绝了,她说她有一个家,实在没有精力再照顾我。所以现在外语老师一直不知道我的想法。

"还有,我对一个男老师也有这种特殊的爱。像父亲?像恋人?我不知道。我最大的愿望,就是有一天他能够明白我的心意,然后我们能像情侣一样手牵着手走在灯光明亮的大街上。我知道,这是不可能实现的,因为我们的年龄相差太大,而且他对我好像和对别的学生一样。我知道,他最爱的人就是他的妻子,我经常为此而伤心……"

与读者共同深入探讨

乍看起来,这些迷情故事,就是恋师情结的演绎。但是,为什么我会将这些男孩女孩的恋师情结问题单拎出来讨论呢？因为他们身上都有一个非常重要的因素不能忽略，那就是他们都是留守儿童。他们的家庭生活异常、亲子关系异常，亲情缺失，从而导致了两性关系心理异常，具体表现为恋师迷情。

留守儿童的亲子关系异常及亲情缺失，为什么容易导致两性关系心理异常呢？

一个是亲子三角关系情结。在人的性心理发展过程中，大约会在四五岁的时候开始关注两性差异，即会对不同性别的对象产生不同的情绪反应。这是性心理发展的萌芽阶段，叫作"性蕾期"。这种性心理现象，首先表现为对父母的不同态度，即会从对异性家长的亲近中来获得某种心理的满足：女孩会对父亲撒娇，排斥母亲；男孩会依恋母亲，害怕父亲。随着年龄增长，到了6~11岁时，性心理发展进入"同性期"，孩子们会开始只愿意和同性朋友亲近，而排斥异性朋友。同时，孩子也会开始向同性父母学习：男孩会逐渐与母亲疏远，而与父亲亲近，向父亲学习如何长大成为男人；女孩也不再与父亲过分亲密，而和母亲亲近，向母亲学习如何成为女人。所以，大多亲子三角关系情结会随着成长而逐渐化解。但是，留守儿童由于与父母长期分离，三角关系情结得不到及时化解，进入青春期后就会表现出两性关系心理异常。

一个是补偿心理情结。爱、安全感、归属感，是人很重要的心理需要。如果这些需要不能得到满足，人就要寻求补偿。留守儿童由于缺乏父爱母爱，内心会有强烈的不安全感，也就形成了一种强烈的补偿心理情结。这种补偿心理情结，如果不能获得及时的满足，留守儿童进入青春期后就会表现出两性关系心理异常。我们通常所说的恋师情结，大多源于情感需要未得到满足，比如有些女生缺少父爱，有些男生缺少母爱，他们就会通过"恋师"来寻求替代性的情感补偿。

如果孩子进入了青春期，亲子三角关系情结、补偿心理情结都还没有化解，就会出现两性关系心理异常。如果是女孩，就会继续爱慕父亲型的男人，特别是已婚的男人或比自己大很多的成熟男人。如果是男孩，就会像第一个故事中的主人公那样，继续依恋与母亲角色相似的女性，特别是已婚的女人或比自己大很多的女人。有的女孩或男孩，还会像第二个故事中的主人公那样，对年长的男女都有所依恋。总之，这种恋师迷情的故事都是亲子关系异常和亲情缺失的结果，如果不能得到及时补救，这些男孩女孩将来在面对婚恋关系时也可能会出现感情的错位。

这个问题，当然首先是家庭教育的问题，但是，看着学校里的留守儿童，教师怎么能说这跟自己没有关系呢？

那么，对于留守儿童的亲情缺失问题，教师可以做些什么事情呢？

我认为，应该发挥教师的影响作用，在给予留守儿童心灵关怀的同时，也给留守儿童的父母以适当的指导。

教师至少可以向他们的父母提两条建议：一是尽量避免和孩子长期分离。如果孩子的两性心理陷入误区，误了整个人生，那为孩子挣再多的钱又有什么用呢？父母要权衡好利弊得失，要知道孩子的成长不光需要钱，更需要亲情。所以，在选择打工地点时，尽量就近，即便无法就近，也要抽空多回家，甚至可以考虑带着孩子去工作地学习生活。二是要创造条件增加和孩子的联系。不论把孩子托付给谁，都不要忘了自己才是孩子的父母，是孩子最亲的人。如实在不便回家，也要通过打电话等方式来传递亲情。

第 6 节
如何看待"高三恋情"

心理案例：我们的感情是爱情吗

心理咨询中，一个女孩这样讲述心中的故事：

"我是一个高三学生，我现在非常烦恼，因为我偏偏在这个特殊时期感受到了爱情。从高一的时候起，我身边的同学就有些开始了'地下活动'，甚至有的公开拉手。我却从来没有过那种经历。

"可是，高三开学不久，我认识了一个男孩。他叫阿朋，活泼开朗又很热情。从非洲难民到球王贝利，从自行车到他未来的老婆，我们无话不谈，和他在一起我永远都不会冷场。当然，我们也经常因为一些小问题而发生'战争'，但他总说：'君子动口不动手，有本事咱们说，看谁说得过谁！''唇枪舌剑'之后，他总会哄我，逗我开心，让我没有生气的机会。开玩笑的时候，他会叫我老婆。我不开心的时候，他会让我开怀大笑，他还会给我买我爱吃的零食……我好像离不开他了，特别是紧张的学习之后，或者是重要的考试之前，我总是希望能够和他在一起天南海北地聊天。和他在一起我总是那样轻松，那样开心，那样无忧无虑……但是现在不行了，因为总有人说闲话。我不知道他是不是喜欢我，我不知道我对他的感情究竟算什么，我只知道和他在一起的感觉很好！

"可是，我们正处于高三这个特殊时期。我不想在学习上分心，但是也不想跟他分开。马老师，你说为什么偏偏在这个时候，让我对他这样依恋？我们的感情是爱情吗？我们这到底是怎么回事？"

与读者共同深入探讨

在心理咨询中，我经常听到这样的感情故事。我将它们统称为"高三恋情"。这样的故事的主人公总有一个共同的困惑——这样的感情是爱情吗？

自然，高三恋情与青春期心理密切相关。在这样的感情故事里，肯定有青春期两性吸引的成分。但是，这绝非意味着"高三恋情"就是真的爱情。

那么，高三恋情的心理实质是什么呢？高三恋情既然发生于高三这个特定时期，就与这个特定时期的特殊性密切相关。在毕业班的生活中，所有同学无一例外都面临着高考升学的压力。有压力，人就要本能地寻求减压之法。每个人对高考压力的反应虽然不尽相同，但也会有一些共性。"高三恋情"便是一种常见的高三同学自我减压的潜意识心理反应。

高三恋情为什么有心理减压的作用呢？

第一，异性效应心理驱使。

心理学研究发现，在只有男性或只有女性的环境里，人容易感觉疲劳，工作效率不高。如果男女比例合理，就会提高工作效率。这就是社会心理学所说的"异性效应"。在与异性的交往中，人会潜意识地为了取悦对方而优化自我表现，并因此产生愉悦的情绪。同时，异性是最好的听众。通过异性之间的交流，容易使压力得到释放，使心理得到慰藉，从而维护心理平衡。这有助于缓解心理压力，让人感到身心轻松，有助于活跃思维，增强记忆，激发活力，提高大脑工作效率。

面对高考压力，男女生之间的交往也会产生这样的异性效应。所以，不少同学之间就产生了所谓的"高三恋情"。

第二，自我设障心理驱使。

所谓自我设障，就是人在面临被评价的威胁时，为了维护自尊，做出对成功不利的事情，这就好比给成功预先设置了一个障碍。在有些同学那里，高三恋情就是一种自我设障。由于害怕失败，就事先给自己准备了一个借口——我没考好，是因为我高考之前光顾着谈恋爱了。于是，如果失败了，也不至于丢面子；如果成功了，就更有面子了，从而缓解了焦虑情绪，减轻了心理压力。

很明显，如上的心理机制都与爱情无关。但是，由于这样的异性交往发生在青春期的男女之间，也就难免会诱发青春期的两性吸引，因而被错当成爱情。但是，还是会令不少男孩女孩陷入无端的困惑：我们这是爱情吗？我们为什么会这样？不仅没有给自己减压，反而平添了一重心理压力。这就是高三恋情的心理解读。

所以，我们应该指导走进高三的男孩女孩正确对待高三恋情。首先，应该对高三恋情有比较理性的认识，看清高三恋情不过是不自觉地借助异性效应或自我设障来进行自我心理减压。不可过分地依赖高三恋情，更不可盲目地把高三恋情错当成爱情，否则很容易减压不成，平添新的压力。其次，要学会多种减压法，比如参加户外活动、文体活动，比如开开玩笑、冥想放松，这些方法都可以帮助孩子减轻压力，获得放松。

第 7 节
打破对教官的"新奇"感

心理案例：我爱上了教官

一个女孩向我如此倾诉：

"高中生活开始不久，我们就进行了军训。别的同学都欢天喜地的，我却由此陷入了一个痛苦的旋涡，因为我莫名其妙地喜欢上了我们的教官。

"我们班的教官是一位很有军人气质的排长，我第一眼看到他，就被他深深地吸引了。几天的军训生活，更是放大了我的这种感觉。终于，我控制不住自己，偷偷给他写了一封信，没想到他把这封信给另一个女孩看了。我听后很伤心，那个女孩还告诉我，排长从一开始就没把我当回事，而且我送给他的礼物也早已不知去向了。那晚，我辗转反侧，好不容易睡着了，却做了一个噩梦，我哭了，哭得很伤心。从此我发誓再也不去看他了。可第二天中午，我去诊所打针，偏偏又遇上了他，我不知该如何是好，索性匆匆走开了。时间飞逝，转眼到了军训的最后两天,他马上就要走了,我却舍不得让他走。第二天,我们宿舍打算约他一块吃饭,结果也成了泡影。因为他们已经出发了。我连他最后一面都没有见到。

"现在,我总是恨自己当时没有去看看他,我常常看着照片想他,想起我们在一起训练的快乐日子。每当这时,我就会变得很烦恼、很焦虑。请您告诉我,我这是怎么了,我究竟应该怎样看待我对教官的感情?"

与读者共同深入探讨

常听有些教师半开玩笑半认真地说:"老师教学生几年,不如教官带学生军训几天,感情这回事儿,真是不可思议。"

这话里多多少少有点吃醋的味儿,但静下心来想想也不难理解。教官与学生的关系不同于师生。教官通常20岁左右,与高中生可以说是同龄人。同龄人的心灵有更多的相通之处。同时军训形式不同于教学形式。军训时教官与学生一起摸爬滚打,一起风吹日晒,也就会有更多相同的生活体验。再说,军训时限与教学时限不同。军训时间短,虽然艰苦,但学生却被新奇感所环绕,而教学日复一日,多少会让学生觉得有些乏味。正因如此,学生们更容易与教官建立感情,女孩子们也就更容易"爱"上教官了。

这种感情是朴素的,是纯真的,是无可非议的。但是,这种感情并不比师生感情深,充其量只是表现得明显一些。而且,这样的感情中包含着很大的冲动性。教师应该指导学生,特别是指导女生认清对教官的感情。

  首先,这样的感情里有一种怀春情思。女孩正处于生命的花季,性心理已然开始发展。极易在与异性交往中萌生一种朦胧的情思。恰在这个时候,教官走进了她们的生活。于是,有些女孩就把这种情思指向了教官。这是可以理解的,但这并非真正的爱情。

  其次,这样的感情里更多的是崇拜。在性意识发展中,有些青少年会经历一个向往年长异性的阶段,有人称之为"英雄崇拜"阶段。教官拥有军人气质,自然最容易成为学生崇拜的偶像。因此,也就极容易成为女孩们的爱恋对象。

  最后,这样的感情受新奇效应影响。人们的心理有一个规律:新出现的异性更容易引起人的关注,对人产生较强的吸引力。多年的校园生活,学生们接触得多的除了老师就是同学,教官这样一个全新的异性群体,自然对女孩们更具吸引力。而且军训时间本就短暂,这种相识却来不及相知的状态更会让人倍加珍惜,新奇效应也就更大。

  有了这样的指导,孩子就会正视自己的感情。等孩子走出了这个感情的迷津,就会打开心结,幡然醒悟:这样的感情原来不是爱。

第三章

读懂人际心理：帮助孩子在交往中成长

第1节
搭建互助的桥梁

心理案例：我最近很郁闷

现在，落座心理咨询室的是个高一女孩。从她的脸上，我鲜明地看出了两个字——郁闷。果然，我们的对话就从谈论她的郁闷开始了。

女孩说："我最近很郁闷，非常郁闷，不知道为什么。"

来访者常常这样开始谈话，让人感到一头雾水。只有逐步把沟通引向深处，才能发现问题所在。于是，我引导说："你能具体说说是怎样的郁闷吗？"

"我也不知道是怎么回事，就是总想起一些事，总是胡思乱想的。"

"那你都想些什么呢？比如……"这个"比如"很重要，常常可以把问题具体化，以便对问题做出确切诊断。

"比如，我总是想，为什么有的同学说我骗人？"女孩开始谈到具体问题了。

"同学为什么这样说呢？"我问，"发生什么事情了吗？"

"是这样的。有一次，一个同学问我一道题怎样做，我说不会。她说：'你看了吗？你先看看。'结果，我仔细一看是自己会做的。就这样，大家都开始说我骗人。我没有想过要骗人，别人怎能这样说呢？就因为这样，我和同学的关系出现了裂痕，这常常让我心情不好，总是想这些问题，总是心情郁闷。"

原来，女孩是因为人际关系处理不善而郁闷不堪、胡思乱想，内心陷入了一种归因冲突：怪别人，还是怪自己？

为了帮助女孩正确归因，我问道："那么，别人问你问题的时候，你为什么说不会呢？"

"这道题，我考试就答错过。"

"同学问你的时候已经是考试过后了，为什么连看都没看就说不会呢？"

女孩沉默了。

我继续说道："打个比方，你找马老师问一个问题，我连看都没看，就说不知道。你是什么感觉呢？你会怎样看马老师呢？"

"我会觉得马老师对我不热情，不想帮助我，说不知道是借口。"

"那么，你理解同学为什么说你骗人了吗？"

"理解了。"女孩转而说道，"可是，我不是故意的。"

"马老师知道你没有故意骗人的想法。"我肯定地说，"但是，为什么自己连看都没看，就说不会呢？就像我们刚才打比方的那样，要是马老师看都没看你的问题就说不知道，虽然我不是故意骗人，但你还是会认为我不热情，不想帮助你不是吗？那么，你连看都不看就对同学说不会，同学们会觉得你是什么心态呢？"

"也是不愿意帮助别人。"女孩说，"可我没有这样想过。"

"是的，你是没有这样明确的想法。但是，如果有足够的助人热情，你会张口就说不会吗？"

"不会的。"女孩摇头说。

"这就对了。"我解释说，"这就是说，当我们勇敢地直面自己的内心的时候，我们会发现，在面对他人的求助时，我们随口就说不会，说到底还是因为我们缺乏帮助别人的热情。这种在不知不觉间发生的心理活动叫作潜意识。"

"我知道了，虽然我似乎没有这样想，但我潜意识里还是缺乏帮助别人的热情。"女孩若有所悟。

"对。"我肯定了女孩的理解，又进一步引导她，"如果下次别人再问你问题，你会怎么办呢？"

"我会研究一下，仔细看看。会，就告诉别人；真的不会，再说不会。"

"非常好。"我对女孩表示了赞许，随后话锋一转，"还有更重要的一点，你想想看，这样研究之后再答复，仅仅是对别人有好处吗？"

女孩想了想说："不，对自己也有好处。"

"有哪些好处呢？"

"可以帮助我加深对问题的理解，还可以强化记忆。"女孩眼睛一亮，"我有过体会，给别人讲过的东西最不容易忘。"

"好，很好。那么，你想想看，通过我们今天的交流，你得到了什么启示呢？"

女孩想了想，笑道："其实，帮助别人，也是帮助自己。"

"对，很多时候，帮助别人就是帮助自己。"送别的时候我说，"希望我们今天的交流，对你处理同学关系有所帮助，使你心情不再郁闷。"

女孩一再道谢。

起身告辞的时候，女孩脸上的郁闷已经消散，又成为了一个阳光女孩。

与读者共同深入探讨

望着女孩的背影，我想到了这样一个故事：

在荷兰有一个小渔村。由于整个村庄都靠打鱼为生，自愿紧急救援队就成了重要的设置。在一个月黑风高的晚上，海上的暴风吹翻了一条渔船。在紧要关头，船员们发出了"SOS"信号。救援队的船长听到了警讯，村民们也都聚集在小镇广场的中央。当救援的划艇与汹涌的海浪搏斗时，村民们也自发在海边举起了灯笼，照亮他们回家的路。

过了一个小时，救援船再次出现在了人们的视线中，欢欣鼓舞的村民们立马跑上前去迎接。可当船只抵达沙滩后，救援队队长却宣布，由于救援船无法承载所有的人，只得留下了其中一个人。假若不如此，救援船就会翻，所有的人都活不了。但是因为刚才的搜救，所有救援人员都已经筋疲力尽了。因此，现在需要一个自愿救援者去搭救最后留下的那个人。

16岁的汉斯应声而出。他的母亲却抓着他的手臂说："求求你不要去，你的父亲10年前在船难中丧生，你的哥哥保罗上周才出海，现在音讯全无。汉斯，你是我唯一的依靠呀！"汉斯回答："妈，我必须去。如果每个人都说'我不能去，总有别人去'，那会怎么样？妈，这是我的责任。当有人需要救援的时候，我们就得轮流扮演这个角色。"汉斯吻了他的母亲，驾驶救援船消失在了黑暗中。

时间过去一个小时又一个小时。汉斯的母亲心如刀绞。最后，救援船终于从迷雾中显现了出来，而汉斯正站在船头。

岸边等待的船长连忙把手围成筒状，向汉斯叫道："你找到留下来的那个人了吗？"汉斯高兴地大声回答："我找到他了。告诉我妈，他是我哥保罗！"

这故事肯定会触动我们的心弦。不错，我们都不是圣人，我们都会考虑个人利益，也应该考虑个人利益。但是问题的关键在于，帮助别人本身与维护自身利益是不相冲突的，甚至有时候，帮助别人就是帮助我们自己。

我们必须认识到这一点，同时，我们也必须帮助我们的孩子认清这一点：爱，好比一颗种子，只要我们满怀真挚地播种，就一定会有所收获。如果能帮助我们的孩子悟透这一生活的真谛，他们的人际关系岂不就会多一些和谐？他们的心灵世界岂不就会多一份快乐？

第 2 节
警惕亲密"拥挤感"

心理案例:两个人太要好也会不自在

小丽走进心理咨询室,十分着急地说:"马老师,我遇到了难题想请您帮助解答。"

"不用着急。说说看,你遇到了什么难题?"我笑着请她坐下来细讲。

"我今年上初二,和班上的一个同学关系非常好,她是我最要好的朋友。我们形影不离,上课是同桌,下课也玩在一起,彼此都知道对方心中的秘密,可以说比亲姐妹还亲近。我很珍惜她这个朋友,可是,有时候我总觉得两个人太好了,也有点不自在、不舒服。这是怎么回事呢?"小丽一脸困惑。

听到这里我笑了:"你这是'人际气泡'受到'挤压'的感觉。"

"什么是'人际气泡'受到'挤压'?"小丽脱口问道。

从心理学角度看,心理相容是建立良好人际关系的重要条件，而促进心理相容的途径之一就是缩短彼此的心理距离。也就是说，两人之间的心理距离越小，越有利于心理相容，关系就越是和谐亲密。这一点，小丽已经体验到了。

可是，物极必反。在人际交往中，每个人都需要一定的个人空间，也叫作人际空间。由于这个空间就像一个大气泡一样包围着我们，因此有的心理学家就形象地称之为"人际气泡"。两个人若是太过亲密，人际气泡就会受到"挤压"，人就会感到"拥挤"，就会感到不舒服。实际上，小丽说的"两个人太好了，也有点不自在、不舒服"的感觉，正是人际气泡拥挤，个人心理空间被侵扰的结果。

将上述原因分析给小丽听后，我继续说："对了，马老师告诉你，你的这种情况并不罕见。但也正因为不罕见，才会有很多人抱怨说：'我俩本来是好朋友，可他为什么突然就对我冷冷的，为什么背叛我？'其实，这哪里是什么背叛，只不过是那个同学的朋友和你一样感觉到了'太好了也不自在'，想尝试拉开一点儿距离罢了。因此，你也不用太着急了，你只是需要学会跟朋友保持距离而已。"

"您说得对，我是应该学会跟朋友保持距离。可是您说，我们具体该怎样做呢？"小丽问。

"你可以先和好朋友坦诚地做一下交流和沟通，交换一下感受。也许会发现原来你们有同感。这样你们就能一起想办法了。至于具体的做法方面，我这儿有两点建议可供参考。一个是日常活动中要注意培养自己的独立性。不要总是你说什么我就说什么，你做什么我就做什么。说个笑话，有的同学连上厕所也一定要好友同行，这就不是正常的交际了。"

"您说的不是笑话，在我们同学中确实有不少这样的情况。"小丽笑着插话道。

"其实，每个人都需要一点独立性，行动上自由了，心理上也就自由了，距离感有了，交往起来也就更舒服了。"

我接着说："第二点是要试着调整一下空间距离。因为心理距离的远近是与空间距离相关的。比如，你说你和好友是同桌，那你们不妨跟老师商量一下，将你们的座位调开。这样，心理距离也会拉开一点，感觉也就自在一些。"

"这样会不会影响我们之间的友谊？"小丽对此有点不放心。

"不会的。"我肯定地说，"你们既然是好朋友，就可以进行事先沟通。友谊如花香，越是淡淡的花香，越让人回味无穷。适当的距离感，只会让你们的友谊更天长地久。"

过了一段时间，小丽和她的好朋友一同来找我，她们欢快地告诉我："马老师，保持距离，真好！"听到她们的笑声，我也欣慰地笑了。

与读者共同深入探讨

通过这个案例，我们认识了人际气泡。

接下来我们需要进一步探讨：人际气泡的大小会受到哪些因素的影响？

一是空间环境。心理学家做过一个实验。在一个刚刚开门的大阅览室里,当里面只有一位读者时,如果心理学家紧挨其坐下,这位读者就会很快换到别的位置上去;而当阅览室人很多时,无论心理学家挨着谁坐下,他们都不会出现换位的行为。可见,随着空间大小变化,人际气泡大小也会变化。在广阔的田野上散步,你的人际气泡是几十米;在空旷的公共场所,人际气泡是几米;而在公共汽车上,你则会自动把人际气泡调控到几十厘米甚至是零。

二是个性特征。两个人谈话时无意中发生的位移,显示了人际气泡的不同,这有可能就是不同个性所致。通常,性格开朗、喜欢交往的人,会更乐意接近别人,人际气泡较小,较能容忍别人的靠近;而性格内向、孤僻封闭的人,人际气泡较大,不愿主动接近别人,也不愿别人靠近自己,会更喜欢与别人保持较大距离。

三是文化背景。有的民族人际气泡小,认为交往中应该亲近一些才合适,而有的民族人际气泡大,会更看重个人空间。比如,一个美国人与一个巴基斯坦人面对面谈话时,巴基斯坦人步步逼近,美国人则步步后退。再如,法国人喜欢近距离交谈,有时甚至会贴面沟通,而英国人却对此颇为抗拒,谈话时总要保持较大的空间距离。这正是不同民族文化差异的体现。

四是临场心态。不难想象,在愉快与愤怒、激昂与消沉、轻松与恐惧等不同情绪状态下,人的人际气泡都会有所不同。如果一个人正处在"烦着呢,谁也别理我"的状态中,谁贸然靠近,势必会使双方都陷入尴尬。

五是心理关系。人的交往距离因心理关系不同而分为四种情况：亲密距离（半米以内），如亲子之间、夫妻之间、恋人之间；个人距离（半米到一米），如好友之间；社会距离（一米到三米），如售货员与顾客之间；公众距离（三米以上），如公共场所演说者与听众之间。这告诉我们，交往中因心理关系不同，人们的人际气泡大小也会不同，如果混淆了不同的人际气泡，交往就会失败。

我们应该指导孩子在人际交往中学会根据不同情况调控彼此的人际气泡。前面的案例告诉我们，在人际交往中，不论双方关系多好，都要保持一定的距离，给对方一定的心理自由度，留有一定的个人空间。距离感是很微妙的，拉开一点距离，一来可以使彼此获得心理自由，为交往增添一份舒服和自在，二来可以使彼此觉得对方更美好，从而使彼此的关系更融洽和谐。

第 3 节
打破猜测中的"悄悄话"

心理案例：总是听到别人议论自己不好

新溪是个高三女孩，成绩很好，学习非常努力，努力到什么程度呢？可以说是只知道学习了。但是，新溪从上中学开始就被人际关系问题所困扰，总是感觉同学和老师不喜欢自己，总是听到别人议论自己不好，并因此影响了自己的学习。更麻烦的是，新溪因为怕别人说自己不好，在学校也很少和同学交往，不愿意参加团体活动，常常是孤孤单单的。

到了高中，特别是进入高三以来，新溪的这个问题更严重了。

新溪常常在家跟家长诉说自己人际关系方面的麻烦，常常流泪。家长每次都是耐心地解释劝慰，帮助新溪。可是，今天把新溪和这个同学的关系问题解释好了，明天又有和那个同学的关系问题等着他们，无穷无尽。就这样，家长不胜其烦，新溪也经常以泪洗面。

后来，家长感到新溪的问题不是简单的人际冲突问题，不是简单劝说就能好起来的，而好像是得了某种病。

于是，他们就带孩子去看医生。脑科医生说没问题，精神科医生说没问题，心理科医生也说没多大问题。最后只是给新溪开了一些抗抑郁的药。这一圈转过来，虽然谁都说没大问题，可新溪自己却慌了："我是精神病吗？我有抑郁症吗？我有强迫症吗？"这也让家长更摸不着头脑了：这孩子到底是怎么啦？

就是在这样的情况下，他们看到了我的书，找到了我的联系方式，请求我尽快接待他们的来访。于是，他们一家三口一路奔波，来到了我的咨询室。

新溪给我的初步印象是一个让人喜欢的好女孩：高挑的身材、白净的面容、文静的性格，虽然初来乍到，谈吐不很自然，有点唯唯诺诺，但是，整个人举止礼貌，十分得体。这样一个女孩，怎么会总是有人说她不好呢？

新溪的父母介绍说，大概是从初中的时候起，孩子因为外伤，鼻子留下了疤痕，就开始感到自卑了。她经常对着镜子看鼻子，经常问身边的人自己的鼻子是不是很丑。慢慢地家长就常听到她说起同学、老师对她的不喜欢，说起她和同学之间的冲突。这种表现也是时断时续，时重时轻。如果哪次考试考得不好，这个问题就会严重起来。

为了更好地诊断，我和新溪进行了单独会话。新溪放下手中的书，那是我刚才随手递给她的。

新溪开口说："我这个人很复杂……"

"复杂？怎么复杂？比如……"

"比如，您给我这本书看，我就在想，为什么您要给我看这本书呢？"

我笑了："你看看书桌上这三本书，哪本书最适合你这个年龄阅读？"

新溪笑了："这本最适合。那就是说您没有什么特别的用意，可我就是会揣测您有，我这不是复杂吗？"

我肯定地说："这，我更愿意称为细腻。"

新溪看着我的眼睛："这是细腻？"

我肯定说："对。那么你除了觉得自己很复杂之外，还觉得自己有什么问题呢？"

"我这个人还好猜测……"

"比如……"

"比如，总是猜测同学对我不好，总是猜测同学不喜欢我……"

新溪列举了很多跟同学相处的细节，我从中发现了新溪的问题。于是，我们开始了现场的心理互动活动。

我先请新溪用"我是怎样一个人"的句式，给自己做评价。结果新溪给自己的评语都是负面的。尽管我试图引导，她依然没能给出正面的评价。最后还是我替她说出，你是个学习努力的人，对吗？她才勉强点点头。

至此，新溪心理问题的根源找到了。新溪之所以总担心别人不喜欢自己，总担心别人说自己不好，是因为她自己就认为自己不好，没有学会喜欢自己。自己心里有个消极的自我，就会通过心理投射,把内心对自己的不好评价不知不觉间投射到别人身上。再通过选择性注意,新溪就听到了自己想听到的——别人对自己的负面评价。

我将这个道理讲给了新溪听,新溪也若有所悟:"您的意思是说,我先要学会喜欢自己?可是我怎么可能喜欢自己呢?我哪有什么值得让人喜欢的地方呢?"

这确实是新溪心理自救的关键。怎样帮助新溪学会喜欢自己呢?

稍加思索,我向她讲了下面的故事。

过去有位秀才进京赶考,住在一个店里。考试前几天,秀才做了两个梦。第一个梦,梦到自己在高墙上种白菜;第二个梦,梦到自己下雨天戴了斗笠还打伞。这两个梦是不是预示了什么?第二天,秀才赶紧去找算命先生解梦。算命先生一听,连拍大腿说:"你还是快回家吧,别考了。你想想,高墙上种白菜,不是白费劲吗?戴了斗笠还打伞,不是多此一举吗?"秀才一听,心灰意冷,回店收拾包袱准备回家。见此情形,店老板非常奇怪:"不是还没考试吗,你怎么就准备回乡了?"于是秀才将这件事原原本本地告诉了店老板。店老板一听就乐了:"我也会解梦的。我倒觉得,你这次一定要去考。你想想,高墙上种白菜,不是高种吗?戴了斗笠还打伞,不是有备无患吗?"秀才一听,觉得店老板说得更有道理。于是,他精神振奋、满怀信心地去参加了考试。结果,真的中了个探花。

随后我问道:"这个故事告诉我们什么道理?"

新溪不假思索:"告诉我们,事物都有两面性,就看我们从什么角度去看了。"

我表示肯定："好。那么你想想看，放在你的事情上，这又能给我们什么启示呢？"

新溪的眼睛亮了，脸上也有了光芒："您是说，我过去总是从消极的角度去看自己，我要学会换个角度看自己。是这样吗？"

我笑了："你找到救助自己的办法了吗？"

新溪也笑了："我知道了，我要学习从积极的角度看自己。但是，我是处女座，处女座总是容易被人黑，大家都说处女座很不好。您说我该怎么办？"

我没有正面回答她，而是跟她说："这个问题马老师很感兴趣。不过，咱们今天先谈到这里，回去后你查查资料，下次来给马老师讲讲处女座的相关知识。假如马老师也是处女座，你就得让马老师看到自己这个星座的优势，好吗？然后，你再完成一个任务，给自己找优点，大大小小的都算，你把它们列在一张纸上，下次带来给马老师看，好吗？"

新溪第二次来访时，我们进行了心理互动活动。主要是请新溪发言，一是讲星座，二是找优点。她的父母和我一起旁听，感受新溪的心理变化。

在讲星座的过程中，由于我事先要求她让我感受到处女座的优势，所以，新溪的讲述不知不觉间朝向了事物的积极方面。我们不时地表示赞赏。而找优点的时候，就没有这么理想了，新溪还是无法看到自己的优点。不过，在我和她父母的引导下，她总算找到了好几个优点。这让新溪有了一种前所未有的感觉。

最后,新溪问道:"我可能是有一些优点,可我也确实有很多缺点,很多不好的方面,这让我怎么喜欢自己呢?"

我把话题引回到上次的会话:"你还记得上次我们谈到的'复杂'与'细腻'吗?"

新溪点头:"记得,我说自己复杂,可您说我这是细腻。"

"这叫什么?这在心理学上叫作积极赋义。意思是说,我们生活中的许多事物,都可以被赋予不同的意义,可以给它赋予消极的意义,也可以给它赋予积极的意义,我们应该学会为事物赋予积极的意义。比如:复杂,积极赋义就是性情细腻;猜疑,积极赋义就是自我保护意识强。我们对自己的许多表现,常常就需要这样的积极赋义。

更重要的是,之所以可以积极赋义,是因为人身上的许多特点本就是中性的,不能简单地说成缺点。比如,一个人胆小,就不完全是缺点,而是一个人的特点。胆小的人做事会更加谨慎小心、少出差错,比如胆小的人开车,就很少出交通事故。这怎么会是缺点呢?这就是说,每一种性格都有好的一面和不好的一面。只要我们能在适当的场合恰当地应用,任何一种性格的人都能取得很好的成绩。总之,是因为客观上事实如此,所以我们主观上才可以对事物积极赋义。"

对于我的开导,新溪领悟得很好:"我知道了,一个人并不是要很优秀才值得被喜欢,只要从积极的方面看自己,每个人都是值得被人喜欢、被自己喜欢的。"

新溪的父母通过参与整个活动,也有了很好的领悟,他们表示一定积极配合，帮助孩子学会喜欢自己。最后，我们达成了共识：家长要淡化对孩子所谓症状的关注，增加对孩子的正面评价，同时强化自身对孩子的表扬意识，增强孩子的自信心。

在后来的咨询反馈中，新溪的父母不断传来好消息：新溪逐步学会了喜欢自己，也越来越"听不到"同学对自己的负面议论了。

与读者共同深入探讨

新溪的故事启示我们：人对外界事物的感觉，常常只是内在心理的映射，而不是外界现实的反映。就是说，当你感觉周围的人怎样说自己的时候，其实往往是你自己心里在这样想自己。一言以蔽之，我们听到的往往是我们想听到的。

这是为什么？这是选择性注意的结果。

什么是选择性注意呢？有这样一个心理学实验：给墨西哥人和美国人看两组图片，一组是美国人熟悉的打棒球场面，一组是墨西哥人熟悉的斗牛场面。这些照片快速地交叉出现。结果：84%的美国人只看到了打棒球的场面，74%的墨西哥人只看到了斗牛的场面。这就是我们说的选择性注意：对打棒球有感觉的美国人，选择了注意打棒球的信息；对斗牛有感觉的墨西哥人，选择注意了斗牛的信息。

我们都是这样有选择地接收和处理信息的。生活中我们面对的信息无穷无尽，全部接受、处理岂不是会把人累坏了？所幸人们天然就会有选择地对信息进行取舍。于是，在这个选择性注意的过程中，就不可避免地加入了主观因素。

选择性注意包括两步：

第一步是选择性地接收信息。每个人所留意到的，只是他想留意的部分，也就是被他选择的部分。而对他不想留意的部分，就会视而不见、听而不闻。至于选择什么，则由人的主观倾向性、需要、兴趣、爱好、经验等决定。

第二步是主观性地处理信息。大脑在对被选择的信息进行加工处理的时候，必然会融入个人的经验、观念、态度等，就是说，必然会投入主观因素来解释这些信息。这种解释自然倾向于与自己的主观态度相吻合。于是，信息经过加工之后，变样了，变成了我们需要的样子，甚至变得面目全非了。

所以，我们首先应该指导孩子在日常生活中正确地认识自己、喜欢自己。进而，使他们学会在人际交往中全面地了解信息，全面地看待周围的人对自己的评价，不要被选择性注意蒙蔽了。

第 4 节
走过心灵的弯路

心理案例：总是有攻击别人的冲动

春节过后，刚开学不久，有一天我正好在心理咨询室值班。房门被悄悄推开了，闪进一个畏畏缩缩的男孩，一脸痛苦地看着我。

"老师，您可要帮帮我，我太痛苦啦！简直受不了了！"随着这样一声叫苦，刚刚落座的男孩，整个脸扭曲了，他双手捂住脸，似乎说不下去了。

这时候，窗外的光线正好直射在了男孩的脸上。我拉上窗帘，为男孩遮住刺眼的光线。但是，男孩依然久久捂住脸不说话。我不得不提醒他，咨询会话是有时间限定的，以此诱惑他开口，推动会话进程。在会话过程中，男孩总是压低声音说话，而且有些吞吞吐吐，我常常因为听不清他说什么而不得不让他重复。

就这样，我总算将他的"痛苦"故事听全了。

"我是一个高三学生,大约是从寒假开始,我陷入了痛苦中。现在让我痛苦的是,我上课总是走神。开学后老师看我上课状态不对劲,建议我来做心理咨询,其实我自己也早有此想法,于是今天我就找您来了,您可要帮帮我。

"我总是胡思乱想,听不进课,跟不上老师的思路,脑子里总是会出现一些奇奇怪怪的画面,这些画面让我的脑子一片混乱。而且,一遇到什么事,我总是会把自己往坏的方面想,比如骑自行车,会想到自己遇到了车祸,被撞得浑身连血带泥,又脏又可怕。每到这时候,我就希望自己能够控制住自己,可越是想控制我就越爱胡思乱想,这太痛苦了。

"还有,我总是爱反复洗东西,特别是反复洗袜子。有时候,一双袜子明明洗得很干净了,可我还是觉得不干净,还是会去没完没了地洗它。这让我很痛苦,唉,太痛苦了。

"还有一个问题也让我很痛苦,我总是莫名其妙地想攻击同学。比如,在教室里或是在操场上,我常常会觉得哪个同学不顺眼。其实,人家也不是一定有什么不好,有什么事做得不对。可我就是会突然觉得看他憋气,看他不顺眼,看他不是好东西,就是想骂他一顿、揍他一顿,好像只有这样发泄才痛快。可我自己其实也知道,随便攻击人家是不对的,而且还会给自己惹麻烦。可是尽管我努力控制自己,内心还是忍不住会想攻击人家。就这样,一面是痛苦的压抑,一面是强烈的攻击冲动……"

说到这里,男孩不由自主地挥动了一下拳头,做出攻击的姿势和表情。

等他稍稍平静一些后,他告诉我,他曾经去做过心理咨询。当时的那位女心理咨询师,认为他的问题属于强迫症状,建议他顺其自然。他尝试之后感到有一些作用,可以缓解症状。但内心还是痛苦,因为没有从根本上解决问题。

这次我接待男孩的来访,正是那位女心理咨询师转介的。她的诊断和建议很恰当,男孩的问题确属强迫症状。对于强迫症状采取顺其自然的对策也是可行的。

但是,为什么男孩还是不能跳出痛苦的旋涡呢?

强迫症状作为一种仪式性行为,往往具有象征意义,背后往往掩盖着某种心理上的情结,而这才是需要深入探究的。也只有引导当事人看清自己强迫症状背后的心结所在,才能最终消除强迫症状。就临床经验判断,男孩很可能还有深层的或者隐秘的心结,不便与女心理咨询师交流。

那么,男孩强迫症状背后的心结是什么呢?

为了避免可能的阻抗,为了诊断,我决定采取意象对话技术。所谓意象对话,就是用想象中的意象来交流,进行心理诊断和治疗。人想象中的形象,往往具有象征意义,这种有象征意义的形象,就是所谓的意象。意象可以反映人意识中或潜意识中的心理状态。就是说,我们可以通过意象看到一个人的心灵。

在男孩想象的意象中,他站在镜子面前,镜子映出了对面的所有东西,却唯独没有他自己这个人。经过我的一番引导,他最后终于在镜子里看到了他自己,可镜子里的他面无表情、面容丑陋。然后,他想象着自己走进了一个房间,是阴面的房间,房间里一片阴暗,很乱、很脏、很让人难受。我又引导了他一番,最后那个房间终于有了变化,变得明亮了、整洁了,给人的感觉舒服多了。

就在意象对话结束的时候,男孩情不自禁地起身拉开了窗帘,让外面的光线直射自己。他说,这样虽然刺眼,但心里更舒服一些。

在镜子里看不到自己,往往反映了人不敢面对自己。男孩为什么不敢面对自己呢?房间里不干净,代表男孩心里有不净、不洁感,男孩为什么会有不洁感呢?男孩最后拉开窗帘让光线直射自己,这又反映了男孩怎样的心态呢?

在我的引导下,面对有些刺眼的阳光,男孩终于鼓足了勇气,咬了咬牙,袒露了内心的隐秘:

"其实……其实还有一件关于网吧的事,也让我非常痛苦。

"高一寒假里,我去了一次网吧。在一个同伴引诱下,我第一次登录了黄色网页。那些画面一弹出来,我立马就脸红心跳,甚至恐惧害怕了,可我还是止不住地浏览。就这样,一次、两次……后来,就看到了更加肮脏丑恶、不堪入目的内容,甚至还有……算了,我说不出口,总之就是很变态。可是……我又控制不住想去看,怎么会这样呢?怎么会这样啊!这不是太无耻,这不是太肮脏了吗!不可能,这个世界真的有这样的事情吗?制作这些网页的人为什么要这样?这太令人憎恶了!有时候,我甚至有一种想打碎眼前电脑的冲动。

"从此以后,我只要一想起这样的画面,脑子就乱、就脏、就痛苦不堪，哎呀，简直受不了啦！大约就是在这时候，我出现了反复洗袜子的痛苦，还有总想攻击人的那种痛苦。

"而且，更让我痛苦的是，我一面很反感网吧，一面又忍不住去网吧，而且越来越频繁。现在虽然开学了，我每周还是要去两三次，有时候甚至连续去一周。我每次都是下晚自习之后悄悄跑进网吧，整夜整夜地在那阴暗的地方浏览那些东西，困极了就趴在那里睡，直到第二天早上才回到学校。每次我都对自己说不要去了，不要再看那些黄色网页了，可每次还是禁不住溜进网吧。

"我对自己非常生气，每天我都在努力，想用所有的力量从心里抹掉这些让我痛苦的东西，但是，就是抹不掉，就是陷入痛苦的深渊不能自拔……"

至此，我已经不难理解，此前的心理咨询为什么未能消除男孩内心的痛苦了。因为，造成他出现强迫症状的这个心结，让他实在难与一位女心理咨询师交流。而这个心结又是男孩痛苦的根源。浏览极端恶劣的黄色信息的经历，在给男孩带来了心灵伤害的同时，也让他陷入了深深的自责自罪之中，使他内心产生了一种强烈的不洁感、罪恶感，让他不敢面对自己。

说话压低声音、吞吞吐吐，意象中的镜子里看不到自己……这些都是不敢面对自己的表现。

强迫症状作为一种仪式行为，往往具有心理自我治疗的意义。当事人就是想通过强迫症状来缓解内心的某些焦虑。如男孩反复洗袜子，就是试图洗刷掉内心的不洁感和自我厌恶感。拉开窗帘让阳光直射自己，反映了男孩改变自己的决心。不难理解，正是网吧环境的阴暗、浏览内容的阴暗，导致了男孩自我心态的阴暗。这让他受不了了，哪怕阳光刺眼，也总比让灵魂在阴暗中挣扎好。这种有点矫枉过正的行为，反映了他内心自我改变的强烈愿望。

网吧浏览到的黄色信息，而且是极端的、另类的性信息，对正处于青春期的男孩造成了极其强烈的恶性刺激，导致了男孩极为异常的心理冲突：一面是强烈的恐惧与厌恶，一面是强烈的吸引与诱惑。因而，每次浏览都会使他产生强烈的自我否定，但是每次又难于自控再次浏览。于是，恶性循环，男孩便更倾向于自我否定、自罪自责：我怎么这样堕落？我太肮脏、太无耻、太不是人、太见不得人了！

沟通到这里，男孩低头自言自语："是，就是这样，我非常厌恶自己。"

说着，他再次不自觉地挥动了拳头。至此我进一步看出，男孩总想责骂他人、攻击他人，以及想砸坏电脑的冲动，其实是内心的一种自我攻击，是一种强烈的自我否定，不过是借用了一种叫作投射心理的防卫机制，把自我心态向外投射到了别人身上，把对自我的攻击倾向转换成了对他人的攻击冲动而已。

男孩只是误入了一段心灵歧途，误入了一段成长的弯路，即便自身有不可推卸的责任，也说不上堕落，也是可以原谅的。关键的是要主动走过歧途，走过弯路，努力开始新的生活。

男孩看清了自己心病的症结，对自己有了新的希望。于是，我们约定了两条：一是彻底告别网吧，告别黄色信息；二是面对自我，重新接纳自我。如此，男孩一样是个好男孩。男孩听说自己还可以重新做一个好男孩，脸上第一次露出了笑容。

一周后，男孩如约再次来访。这次我才发现，原来他是一个高高大大的男孩。

他说："我这一周没有去网吧。开始同伴找我，我还有过动摇，但是我知道自己必须抗拒诱惑，经过思想斗争，我拒绝了。后来，也就没人找我了，坚持到了今天。一周没去网吧，让我感觉好多了。首先是精力好多了，每天学习有精神了，上课也能听得进去、听得懂了。最重要的是，我不再像过去那样每天总是非常非常压抑，好像心里压着一块大石头。现在我感觉轻松了许多、舒坦了许多。还有，说来也奇怪，我不再像过去那样看谁不顺眼就想攻击谁了。虽然有时候还有那样的冲动，但是，发生的次数少了，就是冲动来了，也一会儿就能平静下来。对了，反复洗袜子的烦恼也轻多了。"说到这里，男孩再次露出了笑容，他非常恳切地说："真谢谢您。"

其实，男孩应该感谢自己。因为他是一个领悟能力和自救能力较强的男孩。经讨沟通，他很快领悟到，自己现在可喜的变化，是因为自己的生活正常化了，内心开始归于安宁，所以，种种强迫症状才得到了缓解：不再反复洗袜子，说明内心的不洁感在减轻；不再总想攻击别人，说明内心的自我厌恶感在淡化，重新开始接纳自我了。

男孩走上了心灵自救之路，这是令人欣幸的。但是，说起网吧,男孩的态度是以后尽量不去了,这又是令人不安的。因为目前的好转只代表自救的初步成功,更艰难的考验还在后头。经过沟通和交流,男孩意识到问题的严重性,最后表示,自己会坚决和网吧说再见,永远不去了。

男孩再次来访是一个月之后了。男孩的脚上穿了一双崭新的旅游鞋,给他增添了青春的活力,特别引人注目。也许是巧合,但是我宁愿相信,新鞋传达了男孩潜意识里的一个信息:看,我走上了新生之路。

果然,他这次是特意来告诉我好消息的。他说他已经一个多月没去网吧了,而且自己的强迫症状也已经消失,还有了学习的热情。他说感觉自己仿佛新生了,这次是特意来跟我告辞的。握手告别的时候,男孩的手是那样有力。

与读者共同深入探讨

我为男孩开始新的生活而欣幸。送别男孩,我继续思考着。

我想到,正如高烧很多时候是炎症的反映一样,强迫症状很多时候也是某种心理症候的反映。但是,当事人往往纠结于强迫症状,而忽视了问题的根源。于是,一些专业的心理调节技术,以及一些自发的自我调整办法,虽然可以缓解强迫症状,但很难根除强迫症状。正所谓"扬汤止沸不如釜底抽薪",只有打开心结、化解心结,才能从根本上实现心灵自救。你或许会说,我又不是心理咨询师,我怎么会懂这些?不错,我们无法像心理学家一样洞悉孩子的心理，但是，我们是教育实践家，我们对矫正强迫症状等心理障碍也许是外行，但是，我们对解决孩子的成长问题应该是内行。在教育教学实践中，孩子身上许多让我们头疼的外在行为问题，也都有其潜伏的内在心理症结。孩子身上所有外部的行为表现，都有其内部的心理动因。所以，我们也应该学会从"扬汤止沸"到"釜底抽薪"。这个"釜底抽薪"，就是找到孩子的心结，打开心结，化解心结，从孩子内心深处着手，帮助孩子解决成长中遇到的种种问题。有时候，我们也许做不到，但起码我们要有这样的意识。前面案例中的老师就做得很好。他发现了男孩上课不在状态，不仅没有简单地批评他了事，而且促成了他的心理咨询之行，从侧面帮助他化解了心结，开始了新的生活。

我又想到，尽管孩子总难免犯错误，但是，心理咨询的实践，让我坚信，每个孩子都有向善向上之心，都有想成为好孩子的心。所以，我们需要善待每个孩子，帮助孩子驱散萦绕在心头的阴云。心理咨询的实践让我坚信，每个孩子都有心灵自救的潜能。所以，我们对每个孩子，包括出现了这样那样问题的孩子，都应该怀着殷切的希望，满怀信心地帮助他们走过心灵的弯路，走上心灵的坦途。这个案例，再次让我们看到了这一点，让我们坚信了这一点。

我还想到，孩子的问题行为，往往有其时间上的规律性。前面的案例中我们看到，孩子的假期生活，必然会影响到他们走进校园后的心态。因此，新学期的开学，就是一个特殊的时间节点，孩子的许多问题都会在这时候表现出来。所以，在一些特殊的时间节点上,教师要多花些心思,家长要多长些"心眼",比如,开学之初做好孩子的"收心"工作,帮助孩子在成长的路上,少走一些弯路,多走一些坦途。

第5节
不要让"爱"成为"碍"

心理案例：为什么不想在原学校上学了

达志是个初中男孩，一向表现良好，可新学期开学第一天，他却对父母说想退学。这怎么行！父母连哄带吓，达志才勉强去了半天，可到了下午，他说什么也不去了。他说要不就转学，要不就去上武术学校，反正不在这个学校上学了。

家长请老师帮忙做工作，也没做通。转眼一周过去了，达志还待在家里。怎么说不上学就不上学了呢？父母只知道着急生气，却不知道孩子到底怎么了，更不知道应该怎么办？万般无奈，想到了心理咨询。于是，电话预约后，母子俩来到了心理健康中心。

达志不想在原学校上学了到底是为什么呢？

也许有人会推测：一定是学习成绩不好。这样的推测不无道理。我在心理咨询中发现，确实有很多不想上学的学生，都是因为遇到了学习障碍。可是，达志妈妈却说，达志的脑子很好使，是班里的尖子生，考试总是前几名。

也许又有人会推测：一定是不受老师喜欢。这样的推测也有理。师生关系障碍，确实是不少学生排斥学校的又一重要原因。可是，达志妈妈却说，达志在学校里很受各科老师的喜欢。也是，一般学习成绩好的学生，都会得到老师的宠爱。

这就怪了：学习好、老师宠爱，达志为什么偏偏不想在这里上学了呢？

达志妈妈说："我只能向您介绍一些别的情况，不知道有没有用。跟您实话实说，我们和老师关系都不错，老师确实对孩子很喜欢，甚至是宠爱，对孩子的学习更是关心。有一次孩子考试，数学考了个第5名，老师非常高兴，把孩子叫到办公室给孩子加油，最后说，这次第5名，下次怎么也要到前3名。孩子回来跟我说：'我就怕考不到前3名啊！'前几天，我带孩子去学校，请老师们帮助我做工作，其中英语老师这样劝孩子说：'英语是你的强项，你再走了，老师还指望谁？'您说，还要老师怎样关心他的学习呢？可是，老师劝了半天也留不住。

"孩子有时候和同学在一起爱花零花钱。为了防止孩子乱花钱，防止孩子跟别的孩子学坏，我每天上下学都接送孩子。当然是暗地里接送，尽量不让别人看见。孩子说过不愿意我这样做，可是我不放心。为此，我还特意跟班主任老师说过，请老师多关注一下孩子的消费情况和交往情况。暑假前的一个周末，孩子和几个同学上街了，花了一些钱。我就请班主任帮忙管管孩子。老师对孩子也是真关心，周一就把孩子叫到了办公室。没想到孩子态度很不好，结果在办公室让老师教育了半

天，不欢而散。回来孩子还很不高兴，对我说：'老师管得着这些吗？这不是侵犯隐私权吗？'

"我们问孩子，想转学，还想去武术学校，是不是在这里挨同学欺负了？孩子说不是。我们问来问去，孩子最后气呼呼地说，就是因为老师，就是不喜欢老师，不愿意见到老师。奇怪了，老师对他这么喜欢，这么爱护，他怎么会这样不喜欢老师呢？"

是啊，深得老师宠爱的学生，为什么偏偏如此不喜欢老师呢？

常常有这样的情况，来访者所谈的内容似乎跟咨询的中心话题不搭边，却恰恰反映了问题的实质。现在就是这样，达志妈妈介绍的似乎无用的情况，在我看来非常有用——已经让我初步找到了问题的答案。

接下来通过我和达志的直接交流，我的判断得到了进一步印证。

通过交流，我真切地感觉到了达志的诚恳、老实、心地好、学习好。一个十几岁的男孩能够这样，怎能不让人喜欢呢？可是，为什么达志不喜欢老师，对老师的爱不买账呢？

达志谈了很多，与妈妈所谈的情况基本相吻合。谈到想退学的原因时，达志几乎要哭了，他说："我对爸爸妈妈说了，可他们总不信。我真的就是因为不喜欢老师，不愿意见到这里的老师。我说想去武术学校，也不是为了学武术，是听说那里的老师对学生管得松，不像我们学校老师这样严，我就是很想轻松轻松、自由自由……"

我点了点头,表示理解。

也许是达志感到自己遇到了知音,他絮絮地向我诉说了自己的心声:"特别是班主任,对我管得太多了,什么事都管,就连我课外和哪个同学在一起玩也管。那天我和一个同学在一起,老师看到了就把我叫到办公室,大声对我说,'告诉你不要和那些学习不好的同学在一起,你怎么总和他们在一起,你怎么不好好一个人学习!'我知道老师和我们家关系好,也知道老师是为我好,但是,我感觉老师好像总是在盯着我,不管课上课下、校内校外,我的什么事,老师好像都知道、都要管,我逃不开老师的眼睛,整天被人盯着,真让我受不了……"

望着达志求助的眼神,我说:"你是说,你想退学,想转学,想去武术学校,都是因为这里好像有一双眼睛总在盯着你,所以,你想逃离这里?"

达志点点头,眼圈红了,眼眶里盛满了泪水。

与读者共同深入探讨

一个老师宠爱的学生,为什么会不喜欢老师呢?

现在我们终于看清答案了。一句话,都是过度关爱惹的祸。

老师过度的关爱、关心、关注,在达志的心里却成了被监督、被监视、被监控。这种关爱越是全面,达志的窒息感就越强。何况这份关爱里,还有家长与老师的"密切合作"。这就好比一个人，无时无刻不被监控摄像头监控着，这该是怎样的感觉？焦虑、紧张、恐怖，甚至会心惊胆战，惶惶不可终日。不用说一个孩子，就是一个成人也受不了这种压力啊！受不了怎么办？人本能的反应就是逃离，逃到一个不被监控的地方，逃到一个轻松自由的地方。这就是达志要退学的心理动因。

就是这样，有些爱，常常会异化成监督和控制。爱，为什么会变成监控呢？因为心怀这种过火的爱的人，骨子里不是爱别人，而是爱自己，是一种控制欲在作祟。

我在心理咨询中常会发现，如同达志的老师一样，很多老师爱学生，爱的是学生的分数，也有的是因为跟学生家长私交甚深，于是，对学生倍加"关爱"。这样的爱，只会让学生想逃离。当然，很多家长爱孩子，也如同达志的妈妈一样，只想让孩子时时刻刻都处在自己的把控范围中，不要出一点儿岔子，殊不知过强的保护欲，只会让孩子想逃离。爱，总难免有私，总难免有监控成分。这原本也不是罪过，而是世之常理，人之常情。但是，一旦爱中的私欲过度，就会关爱过度，就会监控过度，也就会让人想逃之夭夭了。

症结找到了，药方也就有了。我们最后的共识是，不要再以爱的名义来满足私欲，来实施对孩子的过度监控。因为爱，理应是对孩子该放手时就放手，真正给予孩子成长的自由。这才是真爱，真爱是不会让孩子时刻想逃离的。

作为教师也是一样，应当以以上案例为教训，以以上共识为参照，正视我们对学生的关爱，把握管理学生的度。

第 6 节
将阳光撒进学生的心田

心理案例：总看到消极的东西

这一天，电话预约后，一位母亲陪儿子从外省来到了心理健康中心。

落座心理咨询室后，我先和男孩的母亲单独进行了交流。

男孩的母亲介绍说："孩子小时候学习很好、很出色，但是，初三的时候因为上网，学习成绩滑坡了，勉强考上了高中，现在正在上高二。孩子一向懂事明理，可就是总看到身边消极的东西、阴暗的东西、不阳光的东西。在学校里，他总是觉得学校这里不好那里不对，觉得老师这里不好那里不好，看同学也是一脸的厌烦，似乎他们怎么都是不好的。总之，他看什么都不顺眼，看谁都有毛病，似乎每天总是靠挑毛病过日子。因为这样，他在学校里总是惹麻烦，这不，前天刚刚和老师发生冲突，老师要他反省，他还觉得是老师不理解他。我也是实在没办法了，才决定到您这里来求助。他说如果这次心理咨询不管用，就干脆不上学了。可不上学怎么行？您快帮帮孩子吧！"

为了进一步诊断，我和男孩进行了详尽的沟通。

男孩比较善于表达，他说："我有一个远大的理想，就是改造社会，让社会更公平、更进步。这个社会很不公平，学校里也是这样，老师对学生就不公平。我听说，交补课费的时候，一位家长交给老师的是个整数，多余的几十块钱老师就干脆没退还了。有一次，老师多收了我60元钱，过后我要才给我。还有，同学也都是那么粗俗，跟我没有共同语言。对了，前天早自习我趴在桌子上睡觉，老师让我起来，我没起来，老师就严肃地批评我，叫我反省。您说这叫什么事儿？还有没有自由了？不是说外国的学校都很自由吗？您说，社会怎么这样，人们怎么这样？"

我一直静静地听着，直到男孩停止了诉说抬头看我。我这才笑着开口道："社会难免有不合理的现象，别人也难免有不对的地方。问题是你远道来访，就是为了和马老师讨论这些问题的吗？或者说就是为了在马老师这里找一个公平吗？"

男孩也笑了，摇头说："不是，不是。"

"那么，你是为什么来访呢？可以用一句话告诉马老师吗？"我引导说。

"我要有力量，我要上大学，可是，我静不下心来。"

"你的意思是说，刚才的这些思虑让你不能安心学习，让你感到很困扰？"

"对，我就是想请您帮助我摆脱这些思虑的困扰，好让我专心学习。"男孩终于明确了自己的问题所在，"有一个老师告诉我，要'难得糊涂'，我就试着对一些事装糊涂。当时心里好了一阵子，可过后又不行了。我觉得装糊涂不行，还是要面对。可是，该怎样面对呢？"

"很高兴你知道要面对。是的，对让你不满意的种种问题装糊涂是不行的，所谓'难得糊涂'，其中的道理也不是你们这个年龄能够理解的。所以，你们还是先要学会面对。"我肯定了男孩的理解，"现在，就是这一点让你很困扰，对吗？"

"对，我就是不知道该怎样面对让我不满意的事情。"男孩看着我。

为了促进男孩的自我领悟，我给男孩讲了下面的故事。

一位女主人乔迁新居。当天晚上，还没收拾完毕，突然停电了，室内一片漆黑。黑暗中女主人刚刚摸到蜡烛，门外就传来了"笃笃"的敲门声。心烦的女主人打开门一看，原来是一个小男孩，他仰着头，背着手，怯生生地问："阿姨，您家有蜡烛吗？"怎么，我搬来的头一天，邻居就让孩子来借东西，这不是欺负新来的吗？今天借给他们蜡烛，明天还不来借葱？后天还不来借蒜？想到这里，女主人不觉心生怨气。于是对男孩说："哎呀，真不巧，阿姨刚搬来，没准备蜡烛。"说完就准备关门了。就在此刻，小男孩变戏法似的从背后抽出手，高高举起一支蜡烛，说："阿姨，您看，怕您没有准备，妈妈特意让我给您送来。"面对此情此景，女主人深感愧疚，不仅心中的怨气没有了，而且觉得很温暖，很有爱。

我启发男孩说："这故事，给我们什么启示呢？"

"我们对人对事的感受，都是由自己的心态决定的。"男孩确实是个很有头脑的人，稍加思索后他更为深入地谈道，"同样的人和事，我们可以从不同的角度，得到不同的看法，产生不同的感受。我过去总是心态消极，所以总是用消极的眼光看问题，看不到生活的阳光。"男孩深有感触地说："今后我应该学会换个角度看问题，用积极的心态面对生活，就会看到生活的阳光了。"

我肯定了男孩的领悟，然后对男孩进行了进一步指导。就男孩说的老师没有找零钱的实例，我引导说："买东西的人有忘记给钱的时候，卖东西的人也有忘记收钱的时候，老师每天事情那么多，一两次没有及时找或是忘记了找零钱，不也是人之常情吗？"

男孩点头。接下来，我让男孩自己重新分析一下老师多收他60元钱的问题。男孩想了想说："那也是一次交书款，老师应该找我60元，当时没钱找。过两天我问老师，老师给我看记录，记录上显示已经找给我了，可是我不记得自己收到过，所以可能是我忘了，也可能是老师把钱找给别人了却记在我的账上。如果是这样，老师后来听我说没收到，直接就把60元钱找给了我，也许是怕我遭受损失，宁愿自己吃亏……这简直是老师的大度了。"

然后，我又提出了早自习和老师冲突的问题，请男孩换个角度思考一下。男孩想了想说："早自习我不应该趴在桌上睡觉，即使真的困了，也该和老师好好说。再说，光要自由也不行，还得要有纪律。就是在外国，课堂上再自由，也不能大家都睡觉。更何况，趴在桌子上睡容易受凉，老师也是为了我好。这样想来，也就不该抱怨别人了，我自己确实应该好好反思。"

男孩亲身体验到了换个角度看问题的那种积极的感受，因而第一次兴奋地露出了发自内心的笑容。为了强化效果，我建议男孩回去后继续尝试换个角度看其他问题。

第二天，男孩在妈妈陪同下如约再次来访。

交流中男孩深有体会地说："我回去后试了试您说的方法，换个角度看问题，这一点对我帮助很大。可是您说，我为什么过去总是那样消极地看生活，总是抱怨别人呢？"

男孩的问题再次表明，他是个勤于思考的男孩。他的问题，确实是心理咨询需要进一步解决的问题。

于是，我对男孩表示了充分的肯定："问得好，这是你问题的关键所在。马老师知道，你不是故意要与他人为敌，不是要故意消极地看待生活。那么，究竟为什么会这样呢？关键是因为你对自己的现状不满意。用心理学的话说就是，但凡不能接纳现实的人，都是不能够接纳自我、对自己的现状不满意的人。"

男孩连连点头："您说得没错，我确实对自己的现状不满意。我过去不是这样的。我小学的时候成绩很棒，得了很多很多奖状，初中的时候也还可以，不过，我初三沉迷网络，成绩已经开始走下坡路了。中考考得不太好，勉强上了高中。现在成绩就可以说是差了，总是排在后几名，完全找不到什么自信。"

男孩的谈话印证了他母亲开头的话，他确实有过辉煌。正是由于曾经的辉煌不再,男孩不能接受现实的自我,不满意自己的现状了,才开始外归因。就是说,一个人一旦开始对自己不满了,就容易把这种心态投射到外界,对外面的世界感到不满,看什么什么不好,看谁谁有毛病,以求发泄自己内心的郁闷。这几乎是一个普遍规律。

一番沟通后,看男孩有所理解,于是我问:"那么,明明是不满意自己,却为什么总是抱怨别人?这样做自己又能得到什么好处呢?"

他沉思了片刻说:"可以让自己逃避责任。"

"说得非常好。"我对他的回答给予了肯定,"一个人之所以要抱怨别人,就是想通过把不满投射到别人身上来逃避自己的责任,减轻自己的心理压力。但是,这种'好处'只是暂时的,并不能解决根本问题,而且还会给自己制造更大的痛苦。你已经切身体会到了这一点,是吗?"

男孩一个劲儿地点头:"是的,是的,越是对别人不满,自己就越是不想努力,甚至连按时起床、按时上课,我都做不到了。结果……我越来越差了。您说,我该怎样改变自己呢?"

男孩意识到要改变自己,这是可喜的进展。我建议说:"要想彻底拯救自己,关键是要换一种心理对策,把外归因换成内归因,也就是要深刻反思自我,积极发展自我。"

"您是说,我不应再抱怨别人,而是要先好好做好自己的事情?"

"对。"我肯定说,"只有先做好了自己的事情,有了较好的自我发展,才能实现远大抱负。古人讲,修身齐家治国平天下。你知道这个意思吗？"

"知道，我必须先让自己有良好的发展，才能完成改造自身之外的那些计划。"男孩说完，又提出了更为关切的问题，"那我以后具体该怎么办呢？"

男孩开始关注这个问题，这本身就是在自救之路上前进了一大步。帮助当事人找到解决问题的具体对策，是心理咨询应达成的目标之一。

于是，我引导男孩来制订"自我行动方案"。我建议，为了增加男孩行动的积极性，制订行动方案应坚持三个原则：一个是少，就是每次确定的行动目标不要多，最好一次一个；一个是小，就是每次确定的行动目标要具体再具体，便于检验；一个是低，就是对这个目标要求标准要低，比如，男孩可以确定"按时起床"这样一个目标。

目标符合少、小、低的原则，就容易行动、容易坚持下去。达成了一个目标之后，再逐渐添加其他目标，循序渐进。慢慢地，也就重新塑造了一个令人满意的自我。为了保证行动方案的效果，还需要做好记录，以便自我监控。沟通至此，男孩重新找到了自信。

最后，我和男孩的母亲做了交流，大致介绍了男孩问题的性质。然后我分析说，男孩之所以看不到生活的阳光，除了他自身的原因之外，可能还有家庭方面的原因。男孩的母亲也有所反思，认为自己由于家庭生活的一些不如意，比如夫妻矛盾，也让自己对生活有了较多的消极看法，无形中对孩子产生了消极影响。这确实是需要注意的一个问题。父母积极地看待生活，孩子的心中就会有阳光。经过沟通，男孩的母亲表示一定要改变自己，学会积极地看待生活，以求给孩子带来同样积极的影响。

大约一周后，男孩的妈妈打来电话说："孩子回去后就上学了，他向老师承认了错误，妥善处理了和老师的关系问题，这几天，孩子的生活比较平稳，心态也比较好。孩子还感慨地说，幸好选择了做心理咨询，要不放弃学业可就太可惜了。"

不久，男孩又打来电话告诉我：行动方案第一周的目标是按时起床，效果很好；第二周的目标是不逃课，也坚持下来了；第三周准备添加新的目标，也就是上课不睡觉，自己有信心继续下去。

最后男孩感慨："真是奇怪了，自己好起来了，感到老师和同学也好起来了。"

我非常欣慰男孩有这样的感悟。我相信，只要朝着这个方向前进，男孩就会更多地看到生活的阳光。

与读者共同深入探讨

在教育教学实践中，我们常会发现有些孩子让人头疼。

比如，有些孩子心里缺少阳光，年纪轻轻心里就很阴沉，对生活很消极。这让我们很为难，不知从何下手。

其实，这样的孩子不是不喜欢"阳光"，而是不会追寻阳光。所以，我们与其为这样的孩子而头疼，不如想办法帮助这样的孩子踏上向阳之路。怎样帮呢？很简单，那就是教导孩子学会换个视角看生活，学会用积极的心态面对生活。当然，这不是口头上说说就能了事的，而是要结合困扰孩子的实际问题，帮助孩子真正看到生活中的阳光。

在教育教学实践中，我们也常常会发现，有些孩子总是喜欢抱怨：抱怨同学、抱怨老师、抱怨学校、抱怨他周围的一切。这样的孩子也让我们束手无策。

其实，这样的孩子之所以不满意周围的人，是因为他们内心深处不满意自己。所以，我们与其批评这样的孩子不该抱怨别人，不如帮助这样的孩子学会接纳自己、学会积极地看待自己。怎样做呢？很简单，那就是要教导他们学会从小事做起，让自己一点点好起来，让自己一步步成长起来。

作为教育者，我们对那些陷入心理误区的孩子，少些头疼、多些心疼，少些批评、多些帮助，才是更好的育人之道。

第四章

读懂自我心理：帮助孩子树立自信

第1节
体察孩子的内心

心理案例：女孩的精神好像有些不正常了

周六晚，时钟就要指向10点的时候，心理咨询专线铃声再次响起。原来是一位班主任老师为学生问题预约咨询，他说一个高三女孩的精神好像有些不正常了。

老师的责任心永远是可敬的，班主任的工作更是常常不分昼夜。不过，经过初步沟通可以判断，女孩的问题并不那样急迫，完全可以等到第二天来访再解决。于是，我请老师和当事人及其家长联系，约定明天一起来访。

第二天，我早早来到心理健康中心。而这位老师陪女孩、女孩的父亲早已经等候在这里了。我不禁想，女孩究竟出了什么问题，让老师如此担心着急？

我决定先和老师进行沟通，以便对女孩有一个大致的了解。

老师介绍说："女孩平时表现很好，很文静、很温柔，学习很努力,成绩也很好,总在班里前几名,是个荣誉感很强的女孩。可是,她最近几天却有些不正常了,听课不认真了、作业不写了,还经常迟到,和以前判若两人。更让人感到异常的是,她说话开始有些混乱了,没有中心,让人不得要领,甚至让人感到莫名其妙。比如,她头天说了班里没有一个好人,转天却又说大家对自己可好了,还问自己这两天的样子是不是把别人吓着啦?再如,这两天她总跟同学反反复复地说:'没事了,我没事了,我这就过去了,我这就想开了……'并且她常常独自流泪、自言自语。这怎么不让同学们害怕紧张呢?同学们就向我反映。我也对此有所察觉,昨天晚上就赶紧和她谈心。她说让我不用担心,还说自己不会自杀,不会寻短见。说实话,这让我更紧张了,我不知道她究竟是怎么了,就小心地说了一些宽慰她的话。最后她说:'我没事了,快没事了,快想开了,您放心吧。'听她又反反复复说这样的话,我心里就更不放心了。您说,她会不会是得了精神病,会不会出什么意外呀?"

为了了解女孩的成长背景,随后我和女孩的家长进行了交流。

女孩的父亲介绍说:"总体说孩子的成长比较顺利,家庭环境也比较正常。孩子学习很努力,成绩也挺好。就是当初升入高中没有进实验班受了点打击,自己说很没面子。昨天听老师介绍完情况后,我们也很担心。我和孩子交流,感觉孩子说话也是有些语无伦次,还反反复复说一些囫话,和老师介绍的差不多。还说大家都在注意她,都知道她有问题了。我也不明白孩子到底是怎么回事，只是感觉孩子真的有点精神恍惚，莫非真的是得了精神病？眼看就要高考了，孩子真要有什么问题，可怎么办啊？"说到这里，女孩的父亲哽咽着说不下去了。

女孩究竟是怎么回事呢？

等女孩和我沟通的时候，我发现女孩的求助动机很强，虽然她满脸的愁苦郁闷，但我们的交流还比较顺畅。下面是女孩和我的对话：

"我是个内向的女孩，喜欢安静，别人都说我是个文静的女孩。从小在家里有父母哥哥娇宠，我自己也没有经受过什么打击，所以，所以……"

"所以现在遇到了事情就觉得受不了了，是吗？"

"是的。同桌劝我说，我不过是遇到了一颗小石子，不要紧的。可是我觉得是一块大石头……"

"是怎样的一块大石头呢？"

"是这样的。我们班里有一个高高大大的男生，他很有才气、很聪明、很热心。我们都在板报组，经常在一起，感觉很说得来，就有了密切的交往。您别误会，我们只是朋友，不是那种关系……"

"马老师要首先表明态度，青春期的男孩女孩在一起即便谈情说爱，也是可以理解的，何况你们只是朋友，你不用有任何顾虑。"

"谢谢您的理解。我和他只不过是有时候发发短信、聊聊天。大约五天前，我又给那个男孩发了短信，也没有说什么敏感的话，但是我肯定是当作只有我们两个人才说的。可是，

137

万万没想到，他却在宿舍里把短信给同学看了，而且跟他们一起商量怎么回复我的短信。我还以为是我们在单独聊天呢，谁想到他那边却是……他怎么能这样？他们怎么能这样？太不像话了，太不像话了！"

"我是个非常爱面子的人。这种被欺骗、被玩弄的感觉，让我实在受不了了。终于，我爆发了，在教室里、在楼道里、在操场上，不管在哪里，我都会对他们发火，一反我平日里的文静形象，大发脾气、大声斥责，说最难听的话、最狠的话，说他们没有一个好人，说男生没有一个好东西，说他们连猪狗都不如……就是从这时候起，我无心上课、无心写作业，还经常自己一个人暗自流泪。"

"等我的心情稍微平静了一些之后，我发现他们看我的神情很异样，好像他们被吓着了。是不是我疯狂的样子，让他们感到恐惧了呢？我当时的样子一定很可怕，他们一定不再拿我当以前那个文静的好女孩了！想到这些，我就非常自责，就想尽办法给他们道歉。我先请一个同学传话，又专门写了信请一个同学传过去。道歉之后，他和他们也跟我和好了。事情好像该过去了，可是，我心里还是不好受……"

"为什么要向他们道歉呢？"

"因为我害怕他们不再喜欢我，害怕他们不再认为我是个文静的好女孩……"

"你的意思是说，害怕自己文静女孩的形象受到损害？"

"对，您说得非常对。我这样好面子，以后可该怎么面对大家啊……"

至此，我可以确定女孩没有精神障碍，更没有得精神病。女孩让人担心的种种表现，都是她心中的"自我"受到伤害后的自然反应。

不论是谁，心中的"自我"受伤都是很痛苦的事情。如果青少年的自我形象受到伤害，会更容易导致强烈的心理反应，出现种种问题。女孩的问题正是这样。男孩把女孩发送的手机短信公开，让女孩心中的"自我"严重受伤。首先，女孩会担心那些男孩议论自己，对自己有不好的看法，这对女孩的自我认知会形成严重冲击；其次，女孩会体验到一种被玩弄的羞辱感，自尊感严重受到破坏，产生非常糟糕的自我体验；最后，女孩的心理和行为会很容易陷入混乱，自我调控能力严重丧失，以至于让人感到言行失常。

优秀、文静，是女孩已经强烈认同的自我形象。她很在乎这个自我形象，也就是她自己说的很爱面子。

这样一个很爱面子的女孩，突然遭遇短信事件，心理遭到突然打击，被欺骗、被玩弄，这已经让人很受伤了，何况还是一个从未经受过打击的女孩，这种受挫感会更为强烈。这就类似一个人在众人面前突然被扒光衣服，太丢面子了。这是女孩自我形象受损的第一步。

接下来，女孩勃然大怒。人在发怒之后往往并不是"自得"，而是"自失"，会感到懊丧。一个文静的女孩居然在众人面前如此失态，会让她感到更丢面子。这是女孩自我形象受损的第二步。

再接下来，女孩平静之后赶紧给别人道歉。而这种道歉不

139

是理性思考之后的行为，用女孩自己的话说，是害怕他们不再喜欢自己，害怕他们不再把自己当文静的女孩。一言以蔽之，是想努力挽回自己文静女孩的形象。这会让女孩重复体验自我形象受损的过程。不过，其间同学们肯定表现出了对她的理解、宽容等，总算让她感到自我形象得到了一些修复。

就是在上述心理过程中，她出现了令他人难以理解的种种行为，没心思听课、没心思做作业，甚至迟到、流泪，等等。她反复说"快过去了，快没事了"，其实就是她在进行自我安慰，非常希望这件事尽早过去。至于她先说没有好人后说大家挺好，这似乎矛盾的话不过是她心理变化的自然反应，也毫不奇怪。

弄清了女孩问题的来龙去脉，接下来就需要对症下药了。下什么"药"呢？关键在于要给女孩心理支持，帮助女孩修复自我形象，在心中重新确立良好的自我。

为此，我们做了很多交流。经过我的一番开导，女孩很快领悟："手机短信事件不过是男生的恶作剧，不是我的错，于我丝毫无损；谈情说爱也不是罪过，何况我和那个男生还没有走到这一步；发脾气也是人之常情，主动道歉更显境界。一句话，我还是我，这一切都无损于我的自我形象。特别是文静的女孩偶尔发发脾气，更显真实，更显可爱。"

交流至此，笑容又回到了女孩的脸上。女孩说这回真的没事了。我向女孩提议，既然真的没事了，就该尽快回归常态生活。女孩也很认同，表示自己下午就回学校，一切都会正常起来的。

最后,我与女孩的老师和家长也做了沟通。听说女孩没有精神障碍,家长和老师都舒了一口气。最后,他们都表示接受我的建议,会通过各种方式努力给女孩心理支持,帮助女孩重建积极的自我。特别是女孩的班主任老师,制定了非常细致的工作计划。首先班主任准备和女孩进行深入交流,表明全班同学对她的喜欢,传达同学们对她的种种好评,让女孩感觉到大家还是很认可她的。然后,班主任计划安排让女孩和那几个男孩直接沟通,既给男孩表示歉意的机会,也让双方有互表善意的平台。以此帮助双方完全消除误会,建立友好关系。

一周后,女孩再次和家长来访,此时的女孩已经像换了一个人一样,脸上的笑容十分灿烂。通过沟通,我知道了女孩心情已经好转,心态也平静了下来。最后她高兴地说:"这回可是真的过去了,我真的找回了原来的自己。"

我知道,女孩已经重塑了自我形象,找回了那个优秀文静的自我。

与读者共同深入探讨

这个案例中关于"自我"的问题,在心理学上叫作自我意识问题。所谓自我意识,是指人对自己身心状态及对自己同客观世界的关系的意识。

青少年正处于自我意识敏感期。在这一时期,青少年性意识觉醒,抽象思维能力和想象力大大提升。在生理和心理急剧发展变化的同时,自我意识会更趋于成熟。于是,开始进入心理自我的阶段。心理自我的发展，主要表现在自我体验、成人感、性意识、自我反省和自我意识的矛盾性等方面。所以，这个阶段的青少年，总是特别在意别人对自己的评价，希望引起别人的注意，不再像以前那样容易满足，开始对自己不满意，希望美化自己的外貌，完善自己的性格，等等。就是说，自我意识的发展，让青少年更在乎自己的面子，更在乎自我形象了。因而，像案例中的女孩那样，心中的自我也就更容易受伤了。

从案例中可见，我们对孩子关心、负责都是很重要的。但是，有些时候并非我们想作为就能作为。在教育教学工作中，常常会有一些孩子的行为反应，让我们感到云里雾里、感到莫名其妙。于是，我们就会担心、就会紧张、就会把孩子的心理问题往精神障碍方面想。

为了避免这种偏差，我们需要学会读懂孩子的内心。

一是间接读懂。所谓间接读懂就是我们可以在空闲时候学点青少年心理学，掌握青春期孩子的心理特点，这样就比较容易读懂孩子的心。比如，就上面的案例来说，如果教师能够了解一些青少年自我意识的特点，就比较容易把握女孩言行背后的内心活动了。

二是直接读懂。所谓直接读懂就是我们在发现孩子的一些行为反应存在问题时，不用担心、不用怕，与孩子做深入细致的直接沟通，读懂孩子的心。还是以上面的案例为例，教师在感觉女孩有些言行异常后，如果心里有些底气，能够和女孩亲切交谈，营造一种安全的沟通氛围，就比较容易体察孩子的内心了。

当然，无论如何，我们都不是心理专业工作者。在必要的时候，像这位老师这样，及时帮助孩子进行专业心理求助，也是一种尽职尽责的表现。

第 2 节
拔出自卑的旋涡

心理案例：我想知道残疾人的心理

这一天，一个高高大大的大一男孩预约后来到了心理咨询室。他落座后第一句话就是："马老师，我想知道残疾人的心理是怎样的，请您告诉我，好吗？"

心理咨询不是一般的知识问答，我知道男孩这个问题的背后一定有他自己的故事。果然，经过初步沟通，男孩消除了顾虑，伸出自己的手臂，一边给我看上面斑驳的白点，一边开始向我倾诉起了他自己的故事：

"您看，我这是一种皮肤病，叫作白癜风，好些年了，看了好些医生，花了家里好多钱，也没有治好，看来是治不好了。父母供我读书已经很不容易了，我也不愿再去治疗。这个皮肤病，我小学的时候就有了。那时候，由于年龄还小，心里没有什么特别的感觉。可是，随着自己一点点长大，这个皮肤病成了我的心病。我想到自己的未来，自卑到了极点，心灰意冷，学习还有什么意思？生活还有什么意思？我的希望在哪里？唉，我真的感到眼前一片迷茫，没有了生活的勇气。有时候，我真的想自己还不如是一个残疾人。比如双腿残疾，还会得到别人的同情和照顾，而得了皮肤病，我却必须自己面对。您说，那些残疾人的心理是怎样的？"

原来，男孩想了解残疾人的心理，是想知道残疾人是怎么战胜自己、勇敢地面对生活的。这也就是说，男孩的心理活动是这样的：假如以现在的医疗水平自己的皮肤病不能治好，或者自己没有条件去治疗，那么，怎样才能进行心灵自救？

我首先还是建议男孩去治疗。假如男孩的皮肤病真的不能治好，心理咨询师虚伪的搪塞以及善意的谎言，都无助于当事人的心理调整。勇敢地面对事实，也许有点残酷，却是心理调整的基本前提。应该说，男孩的皮肤病虽然算不上肢体残疾，但是，对恋爱和求职确实会有不利的影响。更重要的是，青春期正是男孩女孩对自己的容貌特别在意的时候。皮肤颜色的病变，自然就成了他心灵自卑的根源。

男孩的眼睛湿润了："现在，我该怎么办……"

"你自己是怎样打算的呢？"我试图启发他。

"有时候，真的感到一点希望都没有了，学习学不下去，也不想学习了……"

"你是想证明自己的懦弱，是想把自己打倒？"此刻，从亲情入手也许能够有效激发男孩的自救本能，"听你刚才的诉说，你是那样地懂得父母的爱，难道让自己消沉下去、逃避生活，就是回报父母吗？"

男孩抬起了低垂的头，若有所思地看着我："我就是不忍心让父母难受……"

"当父母的，只有看到孩子开心，他们心里才会好受。"我继续引导他。

男孩怔了一下，说："我必须自救。但是，怎样才能让我自卑的心灵得救呢？"

面对男孩心灵的困扰，我凝重而诚挚地说："也许，你现在会觉得自己真的不如一个残疾人，但那只是因为你没有那样的遭遇。如果你真的设身处地去体验，你就会发现自己要比那些残疾人幸运得多。比如，一个下肢截瘫的人，一定会羡慕我们能够自由行走；一个双目失明的人，一定会羡慕我们能够看到五彩世界；一个双耳失聪的人，一定会羡慕我们能够听到各种声音……比起这些不幸的人，我们所拥有的这一切难道不是幸福吗？不错，你的皮肤病是一种缺憾，可是，谁没有人生的缺憾？人生就是与缺憾相伴的。所以，假如真的不能解决这个问题，我们还可以改变自己的心。面对许多事情，只要我们换个视角，常常就会有不同的感受，就会看到不同的情形。"

男孩似乎看到了生活的阳光："您是说，我的未来还有希望？"

"当然有！不仅换个视角会看到希望，而且，一旦你对生活有了积极的心态，积极把握自己，还会有更多的人生收获。"我继续分析说，"不可否认，任何一个方面的缺憾都会影响人的发展。有时候，容貌就是影响一个人发展的因素。你皮肤有疾，这是不利的一面。但是，人的各种能力之间其实存在一种强大的补偿作用。比如，盲人往往有超乎寻常的听觉能力，聋哑人有超乎寻常的视觉能力，一些肢体残疾的人，会发展出超乎寻常的才能。而一些遭遇挫折不幸的人，会从挫折和不幸中获取到一种艰苦奋斗的人生助力，以此来弥补缺憾，成就人生。不用说保尔，不用说张海迪，我们生活的周围不也有很多身有残疾的人吗？他们不也都正在努力地克服困难、拥抱幸福吗？当然，我们不必祈求逆境。但是身处逆境，勇往直前，恰恰容易走上坦途，正所谓'自古英雄多磨难'。回到你的问题上来，如果你调整心态、振奋精神、积极自救，那么，从心理上克服这个缺憾的勇气，就能够成为你人生的一种生命动力，从而让你接纳自己、成就自己。到时候，成功的学业、理想的工作、幸福的婚姻，都会向你走来。你看，生活全在于自己怎样把握了。你说是吗？"

男孩终于挺起了胸膛，握紧了拳头，告辞的时候轻声却有力地说："请您相信，我会勇敢地面对自己的缺憾，好好把握自己的人生！"

从后来的回馈消息中，我得知了男孩的学业不断进步，人生正在走向成功。

与读者共同深入探讨

我们应该指导孩子，把自卑作为人生的一位特殊朋友。

1870年，维也纳一个商人家里出生了一个男孩。不幸的是这个男孩自小驼背，行动不便。男孩慢慢长大了，看到哥哥健康活泼，他心里每天除了自卑还是自卑。漫长的成长岁月里，唯一伴随他的就是那种自卑感。然而，令人惊讶的是，正是出于对"自卑"这种情绪的了解，促使他在成年后成为了了不起的心理学家，最终确立了他的"个体心理学"，影响深远。而对自卑感的研究成果，也成了他摆脱自卑感的一剂灵药。他用自己的生命历程，证实了自卑感对人生的积极作用。他的切身感悟是：自卑，能摧毁一个人，使人自甘堕落，也能使人发奋图强，力求振作，以补偿自己的弱点。这个人就是著名的心理学家阿德勒。

在阿德勒看来，人有自卑感是完全正常的，正是它的存在才促使人寻求补偿。由于补偿作用，自卑感可以成为人格发展的动力，成为人生的助力。与自卑感相关联的是优越感。我们每个人都在追求优越。追求优越是为求得自身完美所做的一种努力，是人活动背后的一种动力。任何人都有追求优越的倾向。自卑感作为动力是从后面推动人，追求优越则是从前面引导人。在这种一推一拉的过程中，人格得以日趋完善和发展。如此说来，自卑感也是完善我们的人生的重要因素。

然而，我们也不能放任自卑感充斥我们的内心。生活中确实有人在自卑感的旋涡中越陷越深。这是因为他们采取了错误的心理策略，逐渐形成了强烈的自卑情结。自卑情结的存在意味着一个恶性循环的出现：一个自卑的人想努力摆脱自卑，但由于他所采用的方式不当，只能使他的努力白费，从而加重自己的自卑。这样的结果是，在摆脱自卑中形成了自卑情结，在寻求补偿中形成了过度补偿，在追求优越中形成了优越情结。

那些自我期望过高的人,就是误入了这样的心理怪圈。

如果孩子陷入了这样的心理怪圈,我们应该教给孩子如下心理策略。

第一,指导孩子正确地评价自我。所谓自知之明,是不仅能如实地看到自己的短处,也能恰如其分地看到自己的长处。切不可因自己某些地方不如别人,就看不到自己的如人之处和过人之处。即使确实遭遇了失败,我们也要学会正确归因。不能因一次失败,就认为自己能力不行,失败的原因是多方面的。自我评价,实际上是人对自我的一种暗示。消极的自我暗示导致消极的行为,而积极的暗示则带来积极的行动。所以,任何时候我们都应该通过正确的自我评价,给自己积极的心理暗示,使自己产生积极的行动,摆脱自卑。

第二,指导孩子正确地表现自我。为了摆脱自卑心理,不妨多做一些力所能及的、把握较大的事情。这些事情即使很"小",也不要放弃争取成功的机会。任何成功都能增强自己的自信,任何大的成功都蕴积于小的成功之中。就是说,我们要通过在小的成功中表现自己,确立自信心,循序渐进地克服自卑心理。最重要的是,要把远大的理想与眼前的目标结合起来,在表现自己时,不要期望过高,不要操之过急,要循序渐进,要步步为营,逐步地锻炼自己的能力,逐步地用自信心取代自卑感。

第三,指导孩子正确地补偿自我。自卑感引发的补偿作用可能是积极的,比如,一个相貌或经济条件不好的孩子会越发地努力学习。但也有消极的补偿形式,比如有的孩子会用打架斗殴来弥补学习上的弱势。取得积极补偿的方式有两种：一是以勤补拙。古希腊名人狄摩西尼原有口吃的毛病。为此，他不惜口含石子对着大海练习演讲，经过艰苦卓绝的努力，终于成为了一位伟大的演说家。正所谓"勤能补拙是良训，一分辛苦一分才"。二是扬长避短。比如失明者通过发展听觉或触觉来进行弥补，或者一个体弱的人转向开拓自己的思想领域，都属于扬长避短。人的心理也同样具有补偿能力。正所谓"失之东隅，收之桑榆"。古今中外，不少成功者的优秀品质和辉煌成就，从某种意义上来说，都是积极补偿的结果。可见，面对缺陷和不足，只要我们采取积极的补偿方式，就有摆脱自卑、完善自我、成就自我的可能。

第3节
"干部"的心理建设

心理案例：想到我们那个班就烦

文强是个高二男孩，是个公认的好学生，他学习勤奋、成绩优秀、追求上进、严于律己，可是，最近却当起了"病号"，不能上学了。居家几天以来，文强在家里，睡不好、吃不好，也不说话，一说上学就烦，就说自己心脏不舒服、脑袋不舒服。

家长带他看医生，医生说他没有什么问题，只是开了些营养剂，建议他休息几天。可是，文强在家里休息好几天了，状态却越来越不好。据他自己说，就是烦，看什么都烦，每天烦躁不安。见他烦躁得厉害，有时还连哭带闹的，六神无主的母亲经人介绍，拨通了心理健康中心的电话。我接通电话时，她已经哭声连连了："孩子别是得了精神病啊，您快救救我们吧！"

这一天，文强如约坐在了我的面前。经过初步沟通，我认定他是个好学生，而且没有发现他有丝毫精神病的症状。可是，这样一个品学兼优的学生，究竟遇到了什么困难？为什么不想去上学了呢？

文强向我倾诉："我就是烦，一想到上学就烦，想到我们那个班就烦，想到我们班上的同学就烦，特别是想到班上自习课总有人说话就烦。一烦起来，就心里不自在，就浑身不自在，只好回到家里来。"

我问："想到班上的同学就烦？是指某个同学，还是指所有同学？"

文强说："所有的同学，想到我们班就烦。"

我问："那你这种烦，是从什么时候开始的呢？"

文强说："从高二开始的。高一的时候我们班很好，同学关系也很好，自习课总是很安静的。可是，高二重新分班了以后，我就到了现在的这个班，起初还可以，后来越来越感觉不如高一时候的那个班了。现在，我总是怀念高一的那个班，怀念高一的日子，那时候多好。可是现在，想到我们的班就心烦……"

我问："那是为什么？可以从头说说你在学校里的生活吗？"

文强回忆说："是这样的。我的学习成绩一直很好，所以，从初中到高一，一直当学习委员。因为这个原因，高二的时候老师就让我当班长。听班主任说，高中生不同于初中生，班干部也就不能凡事靠老师安排，而是要主动工作。我就想，既然我当了班长，就一定要努力把工作搞好。为了搞好工作，我团结同学，和大家搞好关系，特别用心地注意同学之间的交往，还总是主动和同学打招呼。但是，人家却爱理不理的。有一次下课的时候，几个同学在教室里说笑，我叫了一个同学的名字，叫了好几声，最后还是另一个同学告诉他，他才回应了我。类似的事情让我经常很郁闷。不久又发生了一件事，一个男生在课上睡觉被老师叫醒了，发生了师生冲突。我课后劝解那个同学，他也很不耐烦，这让我感到更郁闷了。从此，我想起那个同学就烦。再加上自习课总有人说话，慢慢地，我走进教室就烦，想到自己这个班就烦。

"就这样，最近我不愿意进教室了，就请假回家了，就感觉身体哪里都不好受了。可是，大家都在上课，我一个人在家里不是更不好吗？我怎么受得了？一想到这儿，我就更是烦躁不安，有时候就连哭带闹了。我也不知自己怎么了，不知自己该怎么办了？"

我回应说："如果马老师理解得没错，你不想去上学，就是想逃避这个班级环境，是这个班级环境让你感觉特别不好，是这样吗？"

文强点头说："我也知道自己没什么病，就是现在这个班的环境乱得让我受不了。"

我劝解说："其实，任何一所学校，任何一个班级，都难免存在自习课有人说话的现象，都难免有这样那样的问题，都难免有不利于学习的环境。不信，你可以去问问过去你那个班的班长，或者去问问现在别的班的班长。你就会发现，每个班长都有每个班长的烦心事，每个班都有每个班的麻烦事。你说呢?"

文强表示了理解:"也是,哪个班长没有自己的烦心事,哪个班自习课没有说话的人?看来,是我的心态有问题。那您说,以前我觉得没什么,现在为什么却感觉自己受不了了呢?"

我继续谈自己的看法:"那是因为你现在扮演的角色不同了。不可否认环境会对人产生影响,但是,环境对人的影响如何,不是取决于环境,而是取决于人。同样的环境中,不同的人就会有不同的感受。你说过去的高一与现在的高二班级环境不同,其实很大程度上是你自己扮演的角色不同了,因而就有了不同的感受。可以说,你的烦恼都是当班长引起的。"

文强陷入沉思:"您说这又是为什么呢?"

我解释说:"因为你刚当班长,对自己的角色变化还不适应,换句话说,还不知道班长该怎样当,对班上出现的问题心理反应比较强烈。于是,就体验到了过去不曾体验的心烦意乱。

"与此相关的是,你的角色扮演有些过度。换句话说,你这个班长当得有点过了。上任伊始你给自己做了定位:我一定要当好班长,一定要搞好班上的工作,一定要和同学搞好关系。这样,你做事就容易反应过度。就连你主动跟同学打招呼,对同学关系特别用心,特别在乎同学是否积极回应,也是这种心态的反映。

"再往深里说,这又与你的性格有关。你是个严谨认真的人。这固然不错,但是,不注意调节就会以这样的标准要求别人。于是，水至清则无鱼，人至察则无徒。日子长了，也许真的会让大家都疏远你。"

文强到底是个悟性很好的男孩，听了我的话后，他说："我知道了，您是说，我不应该太拿班长当回事，当班长也不能忘了自己是学生。谢谢您，我知道该怎样当班长了。"

后续反馈时，文强的母亲告诉我，文强第二天就去上学了，什么事儿都没有了。文强的母亲说多亏了我，其实，任何人的改变靠的都是自己的领悟力和行动力。

与读者共同深入探讨

怎样当好学生干部？这确实是不少学生干部面临的心理困扰。教师，特别是班主任，应该给学生干部必要的心理指导，帮助学生干部扮演好自己的角色。

中小学的学生干部，不同于成人社会的领导干部。其与成人社会的领导干部最重要的不同在于，学生干部是双重角色：既是班级的领导者，又是班级的普通学生。

所以，我们应该指导学生干部弄清楚自己的角色，任何时候都不要忘了，学生干部首先是学生，然后才是老师的助手。说句实在话，教师都清楚，在中小学，班级工作的好坏，主要取决于班主任而不是班长。所以，学生干部只需要当好助手。只有班主任老师工作到位，班主任老师扮演好自己的角色才好帮助学生干部扮演好自己的角色。

如前面案例中的文强，只要他的角色扮演不再过度，对班上的一些问题也就不会再反应过度，也就不会再把烦恼自我放大了。如此，他就可以更好地适应班级环境，可以继续当好他的班长了。

第4节
破除师源性障碍

心理案例：经常想起老师那句话

在心理健康中心，经常会有老师陪同学生来访。现在，坐在我面前的就是这样一对师生：一个教师和一个女学生。

教师30多岁，成熟干练，是高一一个新生班的班主任。女生是她班上的学生。

教师先介绍说，这个女生懂事、听话，学习也努力，可就是非常自卑，有时候连课堂发言都困难。希望我能帮助她。

接下来，我和女孩单独会话。在我的耐心引导下，女孩慢慢抬起头，诉说了自己的故事：

"是的，我是个自卑的女孩，在自卑的泥潭中越陷越深。您看我个子也够高，外貌也可以，家境也比较好，您会不会觉得我的自卑是庸人自扰？可是，这些年来，我都是在自卑中度过的。我的自卑是从小形成的。我爸爸就很自卑，他不善言谈，很老实，我觉得自己很像他。我小时候很黑、很丑、很懦弱,老实得不得了,经常被人笑话。奶奶讨厌女孩,而我又那么笨,不讨人喜欢,不会哄他们开心,所以,爷爷奶奶根本就没疼过我。我的童年充满了苦涩。

"上小学了,我学习很努力,成绩也很好,那是一段快乐的时光,我人也慢慢没有那么自卑了。可是走进初中,我感到一切都那么陌生,我的自卑又回来了,而且更严重了。由于自卑,我上课回答问题声音发颤、双腿哆嗦,他们都笑我。

"下课,老师专门找我谈话,语重心长地对我说:'其实,你的学习挺好,你就是太自卑、太胆小了,这样会害了你一辈子的。'我知道老师是为我好,我真的不想这样,我很想大大方方地站起来,回答问题吐字清晰。可是我什么都做不好,越做不好就越自卑,越自卑就越做不好。就这样,我经常为自卑胆小而担心害怕,经常想起老师那句话:这样会害了你一辈子的……

"后来,我复读一年考入了现在的高中。没想到,刚入学不久,新的班主任老师也发现了我的自卑和胆小,又和我谈话,告诉我自卑胆小很不好。这让我的耳畔立刻响起了初中老师的话。我经常会想到两位老师的话,越想越自卑,越想越胆小……所以,班主任老师就带我来做心理咨询了。"

与读者共同深入探讨

女孩的自卑从哪里来?

从前面的案例中我们可以看到,女孩的老师对学生是如此关注，这是多好的老师啊！然而非常遗憾，正是老师的这种关注，加重了学生的自卑，影响了学生的心理健康。

这种现象并不罕见，学生的心理问题或心理障碍，常常是源于教师，源于教师的言行举止，源于教师对学生不恰当的教育行为。这，就是师源性心理障碍，或者叫作师源性心理问题。

师源性心理障碍的特点有哪些呢？

第一，大多数师源性心理障碍的表现是隐性的，对学生的心理伤害却是长期的。第二，大部分导致学生产生心理障碍的教师，其主观愿望是良好的，因而这些所谓的良好愿望导致的不当行为难以及时纠正，会持续伤害着学生。第三，不管我们怎样努力，师源性心理障碍也很难完全消除，只能尽可能减少。

学生的师源性心理障碍，往往会源于教师的哪些方面呢？

一方面，源于教师的职业道德问题。比如，有的教师对学生简单粗暴、贬损挖苦、辱骂打击、偏袒冷漠、暴力体罚，诸如此类行为，都会严重伤害学生的心灵，给学生造成心理障碍。

另一方面，源于教师的心理健康问题。师德有问题的教师到底是少数，不能把学生的师源性心理障碍都归因于教师的师德问题，而应更多归因于教师的心理问题：或是教师自己的心理陷入了误区，或是教师因为不懂而在不经意间伤害了学生，或是教师好心办了坏事，等等。

就是这样，教师的一些心理偏见，会在不经意间给学生造

159

成心理伤害。

比如，一个成绩好的学生和一个成绩差的学生，同时抱着课本睡着了，老师很可能会这样反应：对前者会拍拍他的肩膀，说出诸如"多用功啊，睡觉还拿着书"这类的话，而对后者却会说出"你看你，一拿起书本就睡觉"这种话。前一个学生会从中得到一个积极的心理暗示：我是勤奋的，我是好样的；而后一个学生则会从中得到一个消极的心理暗示：我是懒惰的，我是没出息的。如果说前者会给学生积极的影响，后者就会给学生带来师源性心理障碍了。

现在，我们再来看前面的案例。

那个女孩的自卑心理问题，虽然有自身性格的原因，却应在很大程度上归因于初、高中两位老师"语重心长"的劝导，即在很大程度上属于师源性心理障碍。

人有自卑感是完全正常的，每个人都有不同程度的自卑感，因此心理上的自卑是每个人都要面对的，正是它的存在才促使人寻求补偿。由于补偿作用，自卑感成了人格发展的动力。如此说来，正是自卑感完善了我们的人生。所以，自卑并不可怕，自卑是我们的一个朋友，我们和这个朋友友好相处就是了。这是我们对自卑应有的科学态度。

我将这个道理告诉了女孩和那位教师，女孩深有所悟，表示自己将会调整好自己的心态，轻装前进；那位教师也表示，自己会更科学地引导女孩前进。

对人的许多个性心理特征，我们都应有一个中性的态度。比如，人们普遍认为胆小不好、内向不好，但是，胆小和内向也能够使人更加谨慎小心。教师要对这一点有清醒的认识。

教师要谨防心理上的认知偏差,避免因认知偏差给学生带来消极影响,带来师源性心理障碍。前面案例中的教师,正是这样好心办了坏事。

这启示我们,当我们讨论师源性心理障碍的时候,不要只会想到对自我师德的自责自律,更应该想到对自我心理的自查自助。

第 5 节
爱自己，更自信

心理案例：嫌恶自己的男孩女孩

这是一个男孩的自述：

"我是一名高中男生，一个麻烦缠绕了我好些年。刚刚升入初中的时候，我就慢慢开始注意起自己的容貌，经常偷偷照镜子，总是有点不满意。因此，我的心情也变得郁郁寡欢了，每天都不苟言笑，想把自己关在一个小空间里。

"后来有一天，我无意间听到一个女孩子说：'你看你的样子。'我想，我的样子怎么了？我回去又照起了镜子，突然感觉自己长得很丑，特别是鼻子，长得很不美观。

"从此，我便开始对鼻子实行'残酷'的手段。我整天对着镜子照，想法整治鼻子，比如用小夹子夹住鼻梁，想使其更高些。其实，我的鼻子挺好的，爸爸的鼻梁挺高的，我很像爸爸。可是人有时就是那么愚蠢，我就是总嫌自己的鼻子不好看。最近，我感觉鼻翼时大时小，软软的，鼻梁也时高时低。

我的鼻梁是不是断了？好长时间过去了，我的鼻子依旧没有好转的迹象。现在，我很烦，特烦，我不知道我的面容以后会怎样，总是为自己的鼻子而痛苦……"

这是一个女孩的故事：

女孩身材高挑、青春靓丽。然而，出乎我意料的是，就是这样一个女孩，却感觉自己很难看、很丑。这一切，都是因为她感觉自己嘴歪。可是，没有谁看出女孩的嘴部有什么异常。

这是为什么呢？

女孩说："大约是初中的时候，我就感觉自己的嘴巴歪了。当时我特别害怕，我告诉了父母。可是，他们说没有看出什么问题，说没事的。直到我哭了起来，父亲才带我去了医院。医生也说没什么问题，只是根据我的诉说，采取了针灸治疗。过了一段时间感觉好了，可是，不久我感觉嘴又不正了。这次我没有对家里说，就自己看书，自己给自己针灸治疗，一直到现在。我感觉虽然有所恢复，但是还没有好。现在，我每天都要照镜子，总是感觉自己嘴两边不对称，总是嫌自己的嘴不好看，每天心理压力特别大，从来不敢照相。我怕去学校，一个人每天无精打采，感到自己一点希望都没有了……"

与读者共同深入探讨

上面的男孩女孩为什么会凭空担心自己的容貌、体形不好呢？

男孩女孩的问题，在心理学上叫体形嫌恶症。体形嫌恶症是一种心理障碍,主要表现为当事人很关注自己的身体、外表,心理上很嫌恶自己躯体的某部分,尽管医生认为不需要矫正,却总是想办法去矫正自己觉得丑陋或不好的部位。在心理咨询中我发现,体形嫌恶症多发生在青春期前后的男孩女孩身上。因为这时的男孩女孩,对自我形象最敏感。

那么,最常见的嫌恶部位是哪些呢?

一般来说,男性往往嫌自己的鼻子不够高或不端正,自己的性器官不够大,自己的个子不够高等;而女性往往觉得自己的嘴巴有问题不好看,乳房不够大、不够性感,身材肥胖不苗条等。有的甚至会不惜花高昂的费用和不顾医生的反对,进行有关躯体部位的整容整形手术。

这又是为什么呢?我们知道,在人的意象中有些事物具有性象征意义,比如柱子可能象征男性生殖器,空洞则可能象征女性生殖器。如果从心理分析的角度进一步探究,体形嫌恶症往往也有其性的象征意义。为什么男性嫌恶的部位通常是鼻子?而为什么女性嫌恶的是嘴巴?就是因为这些部位具有较为明显的性象征意义。鼻子是身体的"凸起"部位,因而具有男性生殖器的象征意义,让人联想到男性生殖器。嘴巴是身体的一个开口的洞,因而具有女性生殖器的象征意义,让人联想到女性生殖器。生活中也确实是这样,男人的鼻子可以让女人感到性感,女人的嘴巴可以让男人感到性感。因而,鼻子常被一些缺乏男性性别自信的男人所担心,嘴巴常被一些缺乏女性性别自信的女人所担心。

当然,嫌恶自己个子太矮,身材不苗条,也是对自己性魅力担心的表现。而对于乳房、阴茎的担心，更是直接地反映了性心理方面的问题。因而，男孩女孩还会常常嫌恶自己这些躯体部位。

那么，人为什么会出现体形嫌恶症呢？

我们不妨继续听听男孩的故事："还是小学六年级的时候，那时我12岁。一天，课间和同学们在厕所里一起小便。忽然一个同学大声取笑我：'你们快看，他那里怎么这么小！'一句话，大家哄堂大笑，我满脸通红、羞愧难当，没解完小便就赶紧系好裤子，跑出了厕所。第二天，我就趁着没人的时候去小便。没想到我刚要小便，后面就有同学说笑着来了。我赶紧系好了裤子。从此，我总为自己感到羞愧痛苦，都不敢去学校的厕所了。好长时间之后，我才告别了这个苦恼。我高二了才敢和女孩子交往，可没想到第一次写纸条表白就遭到了拒绝。就是从那以后，我的自信又全丢了，也是从那以后，我发现了自己的鼻子有问题，开始整治鼻子。最痛苦的时候我甚至想，干脆做个变性手术，不当男人了……"

再来继续听听女孩的故事："从小我的父母之间就经常爆发家庭战争。他们脾气不好，为一点小事也会吵起来。可能是因为他们自己有太多的遗憾，就对我寄予了很高的期望。所以，他们对我要求特别严格，我做什么事情，他们总是不放心、总是不满意、总是挑剔。从小到大，我记得的都是他们对我的挑剔和斥责。这对我的心灵造成了很大的伤害，让我从小就没有安全感、就很自卑。就这样我长大了。在中学的时候，我经历过一次朦胧的初恋。可是，后来那个男孩却扔下我和另一个女孩好了。对，就是在那时候，我发觉了自己很丑，发觉了自己嘴歪，我彻底失去了自信，甚至我都怀疑自己，我这样没有魅力，还算一个女孩子吗？"

心理咨询实践与研究表明，存在体形嫌恶症的人往往在性心理发展上曾遭受挫折，从而影响了性别自信。

在上面的故事中，男孩十二三岁的时候，因为生殖器小被同学取笑，性心理严重受挫，随后初恋失败再次受挫，作为男性的自信心也就严重受挫，从而导致了对自己的嫌恶，最终这种自我嫌恶指向了鼻子。女孩从小经历的家庭战争，加上父母太多的否定评价，是她嫌恶自己、严重自卑的根源。中学初恋的失败，无疑更加严重地挫伤了女孩的自信心。为什么别人不喜欢我？困惑中面对镜子女孩终于发现，是我的嘴巴有问题。于是，她全部的嫌恶都集中到了嘴巴上。

这种对自我的不接纳，对自我的嫌恶，往往会影响到自我心理性别的认同。

一个人的性别自我认同通常包括三方面：生理上对性别的确认、心理上对性别的认同、社会上对性别的肯定。三者和谐统一，人才不会因性别问题导致内心矛盾和不安。但是，在成长的过程中总有这样或那样的原因使人产生心理性别认同障碍。原因之一就是，青春期前后对自己身体容貌的不满意、不接纳。这种自我嫌恶心态必然导致对整个自我的不接纳，其中也就包括了对自我性别的不接纳，从而影响了对自己心理性别的认同。很明显，前面的故事中，女孩对自己是否还算一个女孩的疑问，男孩不想当男人甚至想变性的焦虑，都是心理性别的自我认同出现障碍的表现。

总之，体形嫌恶症的心理根源是心理上对自己缺乏自信，特别是对自己的性别魅力缺乏自信。对青春期男女来说，这种缺乏自信的心态，很容易表现为对自己体形外貌某个部位的嫌恶和不满。在上面的故事中，不论是男孩嫌恶自己的鼻子，还是女孩嫌恶自己的嘴巴，都是对自己这个人缺乏自信，特别是对自己的性别魅力缺乏自信的表现。

因此，对体形嫌恶症的心理调节，关键就是当事人要重建自信。为此，我们要让男孩、女孩明白，要真正自信，必须要学会发自内心地喜欢自己、接纳自己。具体的心理调节策略无非两个：一个是认知调节。也就是换一个视角看问题、看自己、看生活，走出认知误区，重新认识自我，学会自我接纳。另一个是行为调节。也就是努力从封闭的自我中走出来，增进人际交往，包括异性交往。在人际交往中，在别人对自己的接纳中，强化自我接纳。有了真正的自我接纳，自信也就在心中生长了起来，也就不再嫌恶自己，告别了体形嫌恶症的困扰。

第五章

读懂人格心理：帮助孩子健全人格

第1节
爆发型人格知多少

心理案例：像一头发怒的小狮子

蒙蒙是个小学毕业班的男孩。最近，他常常不守纪律、不听话、脾气暴躁、冲动上火，和老师同学发生冲突。

昨天，蒙蒙又因为上课没有认真听讲和老师发生了冲突。老师怕他冲动，请来了蒙蒙的母亲。没想到这下更坏事了。老师还没介绍几句情况，蒙蒙一看妈妈被请来了，立刻激动起来，怒不可遏，当时就冲进办公室打翻了老师的办公桌，又冲进教室，推翻了好些课桌。蒙蒙像一头发怒的小狮子，老师和家长谁也拦不住。孩子冲出去了，剩下老师和家长一起摇头叹息，不知蒙蒙到底犯了什么毛病。

第二天下午，电话预约后，蒙蒙的妈妈带着孩子找到了我。在心理咨询室里，蒙蒙的妈妈介绍了上面的情况，愁苦地掉下泪来。

"我管孩子很严，孩子过去对大人言听计从，就是从最近开始才这样的。马老师,孩子到底是怎么了?是不是精神出了什么毛病?"

我没有回答,只说等我先进一步了解一下。

母亲回避后,蒙蒙坐在了我的对面。这是一个胖乎乎的男孩,大眼睛一眨一眨地看着我,眼神中流露出的不是顽劣,而是一种追悔和求助。见我和蔼而亲切,他好像放松了一些,他的脸上露出了笑容。

他终于对我敞开了心扉:

"妈妈总是叮嘱我,以后一定要考重点中学,还常常对我说:'为了让你考重点中学,妈妈再苦再累也心甘。'我爸爸在外地上班,妈妈为了我很辛苦,我知道,我也努力了,可是依然没有成为班上的'尖子生'。我心里很不满,总是烦,感到上学没劲,妈妈更是天天唠叨我。我也不知道自己是怎么回事,上课不好好听讲、讲小话、打架,我妈妈一去学校,回来就打我、骂我,我心里就更烦、更生气。这次,老师又叫家长,我气不打一处来,就胡闹了。我知道不对,我很后悔……"

至此,问题比较清楚了,蒙蒙的问题属于爆发型人格特征的表现。所谓爆发型人格特征,是指常因微小的精神刺激而突然爆发出非常强烈而又无法控制的愤怒情绪,甚至出现暴力行为的一种人格特征,是青少年容易出现的人格特征。就是说,蒙蒙没有什么精神上的毛病,也不能说蒙蒙是坏孩子。

想到这儿,我对蒙蒙说:"你不是坏孩子,但你就要长大了,你不愿意自己这样,是吗?要改变自己必须要靠自己行动起来。"蒙蒙表示明天就会去向老师好好道歉,又问我以后怎样才能不让自己乱发脾气。随后,我们讨论了一些自我调控的方法。

说再见的时候蒙蒙笑了:"谢谢马老师,我知道怎样管住自己的脾气了。"

最后,我和蒙蒙的母亲就家庭教育和亲子关系进行了较多的沟通。蒙蒙母亲深有领悟:"看来,要当好家长,不理解孩子不行啊!"

与读者共同深入探讨

前面我们已经知道,爆发型人格特征是青少年身上容易出现的人格特征。对此,我们不能不有所了解。

爆发型人格特征的具体表现如下:

一是情绪和行为具有突发性。具有爆发型人格特征的青少年控制能力差,容易与别人发生争吵或冲突,往往会因为一点微不足道的小事,突然爆发出非常强烈的愤怒或暴力行为。

二是情绪和行为具有不稳定性。由于缺乏自我认同的稳定性,这类青少年会不断地寻求自己的生活角色,但又无法找到很好的定位,就导致了生活态度的变化无常,形成了情绪的不稳定性。

三是情绪和行为具有反复性。每次在暴怒或施展暴力行为之后,他们都会十分内疚懊悔。他们在间歇期表现正常,能与人正常相处。但过不了多久,暴怒或暴力行为等又会重新表现出来，呈现出明显的反复性。

四是挫折耐受力差。人的情绪总是与外界刺激有关，这种人即使遇到刺激强度很小的事，也会触发强烈的情绪反应，容易小题大做，这是因为其挫折阈限低，挫折耐受力差。

爆发型人格特征的成因，一般有生理、心理因素，家庭、社会因素。就蒙蒙的情况看，蒙蒙十二三岁，已经进入少年期，身心发育出现突变，神经系统的抑制兴奋机能不够协调和灵活，控制力差。同时，这也为蒙蒙带来了心理上的变化，他开始进入第二反抗期，容易和成人对抗，自尊心非常强，一旦受挫，就容易以暴力的方式来进行心理自我防卫。蒙蒙妈妈对他从小管束过严；与老师沟通后，若对孩子近期表现不满，就打骂孩子，一味要求孩子考重点中学；孩子没有成为"尖子生"，自尊心严重受挫，妈妈没有关注孩子的年龄变化，没有关注孩子的内心变化，还是一味唠叨。这时，孩子心中的心理压力已经如同一座随时都可能爆发的火山。于是，小小的导火索，就让孩子大爆发了。

那么，针对爆发型人格特征，我们该给孩子怎样的心理辅导呢？

首先，我们要指导孩子，在间歇期里加强自控能力培养。

一是加强自己的道德修养，用道德的约束力来调节自己的行为。二是增强法制纪律观念，用纪律来调节自己的行为。三是学会心理换位，经常替别人想想以使自己学会冷静。四是学会运用"制怒"等座右铭来提醒自己，从而提高自控能力。五是学会用愉快的情境体验来驱赶不愉快的情绪，学会自我排解、自我安慰。六是正确对待挫折，认真分析受挫原因，不盲目采取情绪化行为，提高自己的挫折耐受力。

其次，我们要教给孩子，在激情爆发时自我调控的方法。

一是警醒法。在怒火即将爆发的瞬间，立刻卷起舌头不讲话，闭上眼睛，脑子里默念"忍"字警醒自己。二是回避法。迅速离开产生激情的现场，去从事别的事情，如去跑、去跳。三是暗示法。如果一时离不开现场，就在脑子中迅速默念："大发脾气有什么用？发火会使自己失态的，伤害别人也伤害自己，上一次发火自己已懊悔极了，这次千万不要再发火了……"四是假想法。迅速想到暴怒或施展暴力行为后的严重后果，尽量把自己激情爆发的后果想象得严重一些，以使自己息怒。五是宣泄法。实在怒火难耐，你就赶紧对棉被、枕头、毛绒公仔等物品，挥舞你的拳头。这样，既宣泄了怒火，又避免了造成人员伤害或财物损伤。

第 2 节
网瘾后的回避型人格

心理案例：男孩的网瘾好奇怪

姚强是个高一男孩，最近问题越来越严重，家长电话预约急切要求来访。什么问题呢？家长说就是网瘾，他为了上网而逃学，甚至在家里玩游戏，一个月不上学。不过，他说好了玩多长时间，能够说到做到，到点就能不玩了。这就有点怪了，说不玩就不玩了，还有这样的网瘾吗？

这一天，姚强和家长如约来访了。经过细致的沟通我才发现，姚强的关键问题不是有网瘾，他的逃学、上网都是表面现象。那么背后的根本问题是什么呢？我们不妨先来听听他的故事：

过去，姚强是个听话、内向、不善交际的孩子，从小学到初中学习成绩一直很好，在班里一直是尖子生。可是到了九年级后半学期，姚强的优势保不住了，考试名次一再下滑。就在这时候，姚强开始想方设法不去上学了。这样一来，他的名次就下滑得更厉害，而他也更加不愿去上学了。每次走进教室，他心里都会想同学们怎样看自己，会特别在意别人说的话。一次，一位老师提点了他一句不要弓腰缩背，让他久久不能释怀，时常抱怨。就是这样，由于总担心别人说出伤害自己的话，姚强平时在学校里，总是躲着大家。

后来，姚强到外地上了高中。人地两生让姚强更难于适应，最后还是转回家乡来了。可经历了转学，姚强的"网瘾"症状更明显了，更不愿意去学校了，更愿意上网了。

在上面整个过程中，爸爸妈妈给姚强的更多的是不满、是责难、是打击。姚强的尖子生优势不保之后，父母更是天天抱怨说孩子不争气。最严重的一次，父母甚至一起把姚强痛打了一顿，但并不解决问题。直到这时候，经过老师介绍，一家人才选择了做心理咨询。

姚强为什么会上网成瘾？现在我们找到答案了。姚强上网成瘾的背后是心理障碍，这属于人格偏差，就是说，姚强身上有明显的回避型人格特征。

回避型人格又叫逃避型人格，其最大特点是行为退缩，面对挑战多采取回避态度。这样的人在被批评指责后，常常会感到自尊心受到了伤害而陷入痛苦，且很难从中解脱出来。他们害怕参加社交活动，担心自己言行不当而被人讥笑讽刺。因而，即使参加集体活动，他们也多是沉默寡言躲在一旁。在处理一般性问题时，他们往往也表现得瞻前顾后、左思右想，常常会错过解决问题的时机。在日常生活中，他们多安分守己，从不做那些冒险的事情，除了每日按部就班地学习或工作外，很少去参加社交活动。这些人在单位，一般会被领导视为踏实肯干、工作认真的好职员，因此，经常得到领导和同事的称赞，可是当领导委以重任时，他们却会想方设法推辞，从不接受过多的社会工作。

生活中，谁都难免有想要回避的某些问题。尤其是在需要缓解焦虑或面对困难的人生选择及处境时，人往往会采取一种主动回避策略。但是，这不属于病态。具有回避型人格特征的人，他们的回避往往带有强迫性、盲目性和非理智性等特点，自己主观上不想回避，却身不由己，这与常人的回避是截然不同的。

姚强有比较明显的回避型人格特征，逃学、上网，不过是回避型人格的部分表现。一个有回避型人格特征的学生，往往想要逃避学校生活，想要退缩到一个人的小天地里，而网络正好是一个可以逃避的地方。而且，网络里的花花世界，正好可以使他们的心灵得到慰藉和满足。总而言之，姚强上网成瘾的背后是心理障碍。

现在我们知道了，青少年上网成瘾的背后是心理障碍。那么，青少年形成心理障碍的根源又在哪里呢？

现在我们回到姚强的案例中来。姚强的回避型人格是怎样形成的呢？

回避型人格形成的主要原因是自卑。姚强的自卑是显而易见的。说话吞吞吐吐、沟通唯唯诺诺、举止退退缩缩，以及其弓腰缩背的肢体姿态，都让人分明看到了两个字：自卑。

那么，姚强的自卑心理又是怎么来的呢？

心理学告诉我们，自卑感往往起源于人的幼年时期。由于无能而产生的不能胜任和痛苦的感觉，也包括一个人由于生理缺陷或某些心理缺陷而产生的自己在某些方面不如他人的体验，都是自卑的萌芽。

姚强的自卑源于家庭生活、源于父母的影响。自卑的背后往往是过度的自尊，自卑的人往往内心十分要强。而这些人格特征不可能是先天带来的。姚强的父母都是事业心很强的人，为了事业、为了发展，结婚六七年才要孩子。当然，两个人也确实发展得很不错。但是，这对孩子却有非常不利的影响。最突出的是，父母对孩子期望过高、要求过严、责怪过多。事情就是这样，越是对孩子期望高，就越是对孩子不满意，就越是容易对孩子发出较多的消极评价。结果呢？孩子得不到认可、得不到肯定、得不到心理需求的满足，变得越来越自卑。再有，姚强父母作为大龄父母，又往往会对孩子有太多的溺爱，从而剥夺了孩子锻炼的机会，致使其生活能力较差、行动力不足，这也会加重孩子的自卑。怎么办呢？逃避、回避、退缩，便是自然而然的出路了。于是，回避型人格慢慢形成了，心理障碍慢慢形成了。你看，问题家庭就是这样"培养"出问题孩子的。

大量的案例告诉我们，有些青少年之所以上网成瘾，并不是因为受网络世界里面的色情和凶杀情节吸引，而是因为虚拟世界可以让青少年得到认可、得到肯定、得到心理需求的满足。在网络世界里，他们才能找到成功的感觉。

要解决姚强的问题，关键不是矫治他的网瘾，也不是惩罚他逃学，因为那不过是扬汤止沸。只有亲子协作共同调整，矫正回避型人格，才是釜底抽薪，才是根本。

第一个重要的方面，是要积极主动地进行自我调整。

自我调整首先是消除自卑、重建自信。

有这样一个少年，他认为自己最大的缺点是胆小。为此，他很自卑，觉得前途无望。一天，少年鼓起勇气去看心理医生。心理医生听了他结结巴巴的诉说之后，十分喜悦地握住了他的手："这怎么能叫缺点呢？分明是个优点嘛！你只不过非常谨慎罢了，而谨慎的人总是很可靠，很少出乱子。"

少年有些疑惑："那么，勇敢反倒成了缺点吗？"

医生摇摇头："不，谨慎是优点，而勇敢是另一种优点。只不过人们更重视勇敢这种优点罢了，就好像白银与黄金相比，人们更喜欢黄金。所谓的缺点，至多不过是个营养不足的优点。如果你是位战士，胆小显然是缺点；但如果你是位司机，胆小肯定是优点，因为那会让你谨慎驾驶。如果你一定要将胆小看作缺点的话，你与其想办法克服胆小，还不如想办法增长自己的学识、才干，当你拥有较多见识，拥有较大视野的时候，即使你想做个懦夫，也很困难了！"

这个故事给了姚强很好的启迪。一是要正确认识自己，提高自我评价。人形成自卑感的主要原因，是不能正确认识和对待自己。因此，要消除自卑心理，就要从改变自我认识入手。要善于发现自己的长处、肯定自己的成绩，不要太在意别人的评价，不要把别人看得十全十美，把自己看得一无是处，要看到他人也会有不足之处。二是要正确认识自卑的利与弊，提高克服自卑的自信心。自卑的人不仅要正确认识自己各方面的特长，而且要正确看待自己的自卑心理。自卑的人往往都很谦虚、善于体谅他人，不会与他人争名夺利，会更加安分随和、善于思考、小心谨慎，一般会更好相处、更易受到他人的信任。认识这些优点也可以增强自信。三是要进行积极的自我暗示。当面临某种情况感到自信心不足时，不妨自己给自己壮胆："我一定会成功！"事先不过多地想象失败后的场景，避免提前产生消极情绪，这也有助于增强我们的自信心。

自我调整还需要不再回避人际交往。

回避型人格的人，都存在着不同程度的人际交往障碍。因此，姚强要从易到难，给自己订一个交友计划。比如从给同学打个电话到见面聊聊天，到互相串串门，到共同活动。逐渐地习惯人际交往，改变回避型人格。

第二个重要的方面，是家庭成员要积极地合作，帮助他进行调整。

姚强的改变需要家庭的积极配合，对亲子关系、家庭生活，做出相应调整。这也许才是真正的釜底抽薪，才是从根本上解决问题。

就此，我与姚强的家长做了较多的交流。姚强的家长也有了较深的领悟。他妈妈还因为自己给孩子造成了打击流下了悔恨的泪水。最后我们达成了共识：一是家长要努力调整对姚强的期望，把期望降下来，多从正面评价孩子，让孩子在家庭生活中得到认可、得到肯定、得到心理需求的满足，帮孩子重新找到自信。二是要支持姚强积极交往，锻炼其交往能力，并对姚强的改变及时给予鼓励。

经过多方面的合作努力，几个月后，姚强淡化了回避型人格，慢慢开始了正常的学习生活。让姚强父母感到奇怪的是，姚强的网瘾也不消自灭了。

其实，说奇怪也不奇怪：消炎了，自然就退烧了；心理障碍化解了，现实生活自然就正常了，哪里还会上网成瘾呢？

与读者共同深入探讨

孩子的网瘾，不仅是困扰家庭教育的问题，也是困扰学校教育的问题。

为什么孩子会上网成瘾呢？

一个男孩曾经告诉我："您知道我们为什么那么迷恋网络游戏吗？在网络游戏中，我总能听到'你真行！''你真棒！''你又成功了！'而在家里、在学校，多少年来都没人给过我这样的评价！"

这，就是青少年的心声。这心声告诉我们，青少年上网成瘾的一个更普遍的现实原因是，网络生活比现实生活更能满足青少年的心理需求。在现实校园生活中，夸赞和肯定往往都集中于所谓的"尖子生"，大多数学生哪有这样幸运？于是，有些学生只能在网络游戏中寻求心理补偿了。

那么，我们应该怎么办呢？

作为教师，如果发现学生有了网瘾，难免会需要采取一些强制性或惩戒性的措施，甚至难免围追堵截、软硬兼施。但是，切忌一味头疼医头，脚疼医脚，不要忘了与其扬汤止沸不如釜底抽薪。所以，我们首先要做的，就是以心理学的视角，看看网瘾背后学生的心理是不是出了什么问题，学生的现实生活是不是出了什么问题。

一是要了解学生的家庭生活。

就心理咨询实践看，网瘾问题往往源于心理障碍，心理障碍又往往源于家庭影响。在这一点上，前面的案例很有代表性，给了我们很好的启示。所以，如果我们发现自己班上某个学生有了网瘾，我们应该第一时间与其家长取得联系。

联系家长，并非简单的告状、让家长领回家去，而是要和家长进行具体详尽的沟通，了解学生的家庭生活现状，了解学生的家庭教育状况，帮助家长发现不利于孩子心理健康的家庭问题。接下来，教师应向家长提供可行的建议，帮助家长做出改进。如果问题比较复杂，可以介绍家长和孩子一起进行专业的心理求助。前面的案例中，正是通过老师的帮助，姚强一家才进行心理咨询的。

二是要反思学生的校园生活。

说到这里，我眼前浮现出了这样的画面：许多初、高中毕业生，毕业离校之前把自己所用的教材或教辅资料，要么撕得粉碎，要么化为灰烬。真不知道，他们心里是否还保留着对中学时段的幸福记忆？不错，校园永远不可能成为游乐场，但是，学生的校园生活，不可以丰富多彩一些吗？学习活动永远不可能是快乐的游戏，但是，我们的教育教学活动，不可以给学生渴望成功的心理需求多一些满足吗？

我们今天的中小学教育，需要反思的问题有很多。这自然不是光靠哪一位教师可以解决好的。但是，我们每个教师都要从我做起，从我这堂课做起，让我们的教育教学活动，少一些疲劳战术、少一些题海战术，多一些快乐体验、多一些成功体验，这是我们下些功夫便可以做到的，也应该做到的。

大家知道，作为师范公共课的心理学，学生很少买账，睡觉、逃课是常有的事。但我当年教心理学时，学生却都很爱听。直到多少年后，一位已经当上了教育局局长的学生，还由衷赞叹："当年我上师范学校，就两门课不睡觉、不逃课，一是体育课，二是您的心理学课。您的课我轻轻松松就学会了，考试不用怎么复习也能考出好成绩来。"其实我心里清楚，这是因为我在备课阶段下足了功夫。说起这件往事，不是为了自夸，我是想说，如今那么多优秀教师，他们的教育教学活动能够受到学生的欢迎，一定都下了很大功夫。

我敢说，教师多下一些这样的功夫，学生就会多一分对学习的热爱，少一分对网络的沉迷。

第 3 节
自恋型人格的引导

心理案例：他是不是脑子有病了

这是一个让不少人感到意外的消息：长胜因病休学了！

长胜是谁？长胜是个高一男孩，一所重点高中里重点班的班长。这样一个学生，优异的成绩自是不必说的，身体也是棒棒的，而且一表人才。这样的一个男孩，怎么就休学了呢？

长胜是家中的独子，是父母的掌上明珠，从小成绩就好，在师长的赞扬声中长大。小学毕业，长胜凭自己的实力考入了一所重点初中。到初中后，他成绩排名更是一路飙升，直到年级前3名，班上的第1名。大家都叫他"常胜将军"，班主任和科任老师更是不断给长胜加油鼓劲。初中毕业后，他又凭自己的实力考入了重点高中的重点班，并且当上了班长。也许是生活太顺心了，让长胜真把自己当成了"常胜将军"，觉得自己能力超群，只要自己想，就会无往而不利。

可没想到的是，重点班里人才济济。入学一个多月后的第一次考试，长胜就只得了中上游的排名。这让长胜承受不住了，他想，自己还有何脸面继续当这个班长呢？几天后，长胜提出了辞职。班主任老师做了很多工作也没能改变他的心意。辞去班长一职后，长胜并没有得到解脱，眼看别人当上了班长，心理压力反而更大了：觉得自己一无是处，觉得谁都比自己强。但是，自己心里又不服气，对谁都不服气，以致同学关系紧张，整个人陷于极度的矛盾和焦虑之中。

老师发现了长胜情绪不稳，准备找长胜谈话，可还没等老师通知长胜，就有同学报告说，长胜吃农药了。这可吓坏了老师和同学们，大家赶紧把长胜送到医院抢救，这才化险为夷。可从此之后，长胜就无心上课了，作业完不成、精神也不好，整个人看上去病恹恹的。而且，长胜又表露过两次自杀的迹象：一次是有人发现他晚上在湖边转悠，一次是有人发现他在四楼的窗口愣神。

老师不禁怀疑，长胜是不是精神出问题了？于是赶紧和家长取得了联系。沟通的结果是，长胜提出想休学，明年重读高一。家长也想借休学的机会，让孩子一边治疗，一边调整。

就这样，长胜开始了漫长的休学生活。

可回到家后，长胜更是焦躁不安、情绪不稳、精神萎靡，总是拿着课本也学不进去。长胜晚上很难入睡，甚至会熬夜到半夜12点，早上起不来床，甚至会睡到中午12点，还动不动就对父母大发脾气。父母也吓坏了，觉得孩子真是病得不轻，于是便带孩子去看医生。转眼半年过去了，先后看了好几家医院的心理门诊，吃了不少药，花了不少钱，可长胜不仅没有好转，反而状态更差了。

眼看休学期限已满，长胜这种状态怎么能重返校园呢？无奈之下，长胜一家辗转跟我取得了联系，开始了心理咨询。

长胜到底怎么了呢？

为了进一步探究长胜问题的来龙去脉，在了解了上述情况后，我分别与他们母子进行了详尽的交流。

长胜母亲愁苦无奈地介绍说：

"这孩子从小就好面子、虚荣心强、争强好胜，谁要比自己强了，就嫉妒、就生气。再加上上初中后，成绩不断提高，孩子更觉得自己非同一般，是个了不起的人物了，而且还经常说自己将来要当领袖，要成为伟人。

"就这样，孩子经常看一些大人物的自传，总觉得自己也会成为一个大人物。他对我们家长也是越来越瞧不起，认为我们没有档次，我们为过日子的辛苦都是低级劳动，甚至直接说，他不能过这样的生活。

"后来他中考考进了区重点高中，家里人都很高兴，他自己却很失望，觉得没有考进市重点高中就是失败。我们本来也没怎么放在心上，没想到他刚进高中不久就病了，医生说他得了抑郁症，还得了焦虑症。我们就开始带他四处治疗，可是，半年多了，他不但没见好，反而状态更差了。他整天坐立不安，更不让别人说什么，我们一说，就对我们大发脾气……"

长胜自己却侃侃而谈：

"我觉得人活着就得有一个目标，就得有理想，就得做出一番事业。像很多人那样平平庸庸、碌碌无为，活着有什么意义呢？

"我自认为我是个有理想、有抱负的人，自认为不是平庸之辈，初中三年大家都叫我'常胜将军'。没想到刚到高中，成绩排名就下滑到了中游，我怎能如此一败涂地？当时，我就是受不了自己的失败，不知道如何是好，才闹出了那些让人担心的事情。

"随后，大家说我有病得治疗，正好我也想找时间东山再起，就提出了休学，重读高一。可没想到心理医生说我是心理障碍，需要吃药，那我就吃药呗，可是没想到吃药吃了半年，我的心态却越来越糟糕了……"

至此可以诊断，长胜的问题既不是抑郁症，也不是焦虑症，而是自恋型人格惹的祸。

具体来说，自恋型人格主要表现为：1.无法接受别人的拒绝或批评，被拒绝或批评后的直接反应是不耐烦、愤怒，甚至会采取报复行动。2.认为别人对自己的关注、赞美、帮助是理所当然的，喜欢颐指气使地要别人为其服务。3.自我评价极高，自我中心意识极强，渴望别人持久的关注。4.对无限的成功、权力、荣誉、美貌或理想爱情有非分之想。5.缺乏同情心，对人冷漠，很少能设身处地理解别人的情感和需要。6.责任感弱，做错事总会寻找借口为自己开脱。7.热衷与他人竞争，希望以打败他人来证明自己的优越。8.对比自己强的人充满嫉妒与敌意。

只要符合上述8项中的5项，就可以诊断为自恋型人格。

综合如上情况看，长胜的自恋型人格特征是很明显的，集中表现为以"常胜将军"自居。一次考试成绩排名居中，放在别人身上，也许算不上什么失败，可对如此自恋、如此自我膨胀的"常胜将军"而言，简直是一败涂地。这该怎么承受，怎么面对？如此心态，怎能不焦虑，怎能不抑郁？

长胜的休学，潜意识里就是一种逃避。但是，青春躁动的年龄特征，家里沉闷的生活氛围，让"常胜将军"犹如关在笼子里的一头狮子，自然更加焦虑、更加抑郁。但这并非焦虑症和抑郁症，盲目的药物治疗自然难以奏效。

自恋型人格是怎样形成的呢？

早期，父母或他人的过分宠爱和过高评价是滋生自恋型人格的温床。从长胜的例子中我们不难看出这一点。长胜作为一个聪明的男孩，在童年时期就受到过多的关注和过多的赞赏。同时，作为家中独子，长胜又很少承担责任，很少受到批评、经受挫折。从小学，到初中，到高中，一路走来，教师和同学送给他的鲜花掌声，更强化了他的自恋型人格，让他更为自我重视、自我膨胀、自我评价过高，自认为才华出众、能力超群。于是，进入高中后，考试成绩稍不如意，他便自认为是"一败涂地"了，承受不住了，开始扮演病人了。

心病还需心药医。要想帮助长胜真正告别心病重返校园，必须通过各种措施化解自恋型人格障碍，从自我膨胀回归对自我应有的平常心。我主要从以下几方面对长胜进行了心理疏导。

第一是促进认知领悟。

长胜虽然经历了一次挫折，但由于心理上没有什么调整，自恋型人格还根深蒂固。果然，当我问到如果重返校园，他有怎样的打算时，长胜又开始激情满怀、振振有词："历经坎坷，不改其志。重返校园，我不张扬，深藏不露。但是，我一定要夺回我过去的荣耀，一定要东山再起，要不，我这一年休学不是白休了！"很明显，长胜依然相当自我膨胀、相当自恋。

有时候，人只有被挤到墙角才知道转身，被逼到绝路才会回头。为了使长胜迷途知返，我不得不把长胜往墙角挤："如果以这种近乎'复仇'的心态复学，那么，很快你就会旧病复发，再次休学。如果你不能换一种心态，我们的心理咨询关系也很难继续保持。"

长胜听懂了我的意思，突然说："不，您不能放弃我，我要换一种心态……"

看时机已到，我们就自恋型人格及其矫正，进行了多次深入的沟通。其中包括如何看待自我与他人、优点与缺点、成功与失败、理想与现实、责任与义务，等等。同时，我建议长胜开始写成功日记。

再一次来访时，长胜给我看了他的日记，他在其中深有感触地写道："经过心理咨询，我的内心有一种被颠覆的感觉，不再野心膨胀了，不再想当伟人了，休学前当班长下台的问题，也能重新认识了。至于复学之后，我打算要保持低调，至于能不能进重点班，每次考试拿什么名次，尽力而为吧。"

第二是停止盲目服药。

心理出现障碍，有时候是需要药物治疗的。但是，盲目的药物治疗不仅无效，还会有副作用，这个副作用不仅是生理上的，更是心理上的。我在心理咨询中经常遇到类似的案例：来访者盲目吃药很长时间，结果越吃药越像个病人，严重妨碍了心理障碍的跨越。

因此，在长胜已认知领悟的基础上，我向他提出了尝试停药的建议。长胜和其家长也切身感受到了药物的副作用，同意尝试停药。尝试停药后，我们每周沟通一次，结果是无任何异常反应。而且，由于认知调整的作用，长胜的烦躁不安逐渐减轻，心态逐渐平和。

第三是改善生活状态。

人的心理状态与人的生活状态密切相关，互为因果。因此，改善生活状态是非常必要的。长胜长期休学养病无所事事的生活状态，确实加剧了他心理问题的严重性和复杂性。为此，在第三次会话的时候，经过我与长胜和长胜家长的反复协商，我们决定：改变长胜的生活方式，让他开始过正常人的生活。

具体包括：一是调整作息时间。逐步恢复正常的作息，坚决按时作息，特别是无论如何都要坚持按时起床。二是调整活动内容。暂时停止读书活动，逐步开始力所能及的实践活动，比如协助做家务、给人打工，总之，不能闲在家里。三是调整读书内容。如果作息时间和活动内容得到了调整，就可以在闲暇时间读书，但暂时不要读课本，可以看一些心理健康读物。针对长胜的情况，我向长胜推荐了我的《主宰你的情感》《塑造你的性格》等书。

再次来访的时候，长胜的精神状态明显好转。长胜的母亲说："孩子的作息正常了，生活也正常了，特别是从他走出家门开始打工之后，整个人就像变了一个人似的，心情好了，也懂事了，对父母也恭顺有礼，还会帮助我们做家务。"

长胜自己也说："两本书都看了，很多地方对我触动很大。"

我看到他在日记中写道："走出家门的打工经历让我对许多东西有了新的理解，能够比较正确地看待自己，正确看待他人，特别是更理解父母，更懂得了父母的艰辛和伟大。以往的事情给我最大的教训就是，把自己看得太高了；最大的收获就是，重新找回了自我……"

最近一次见到长胜，是新学期开学三个月后了。只见长胜脸上笑盈盈的。他告诉我："现在终于体会到了，把自己当个平常人，其实感觉也挺好的。"

与读者共同深入探讨

长胜的故事，给我们什么启示呢？就防治孩子产生自恋型人格来说，我们可以有所作为吗？答案当然是肯定的。

我们在要将眼光放得长远一些，预防孩子产生自恋型人格。

在长胜自恋型人格的形成过程中，我们不难发现，教师的盲目鼓劲加油有不可推卸的责任。透过长胜的故事，我们仿佛听到了那些教师在说：常胜将军，加油，努力，继续加油，继续努力，胜利属于你，第一属于你……稍加思量，我们也就不难理解，这对长胜自恋型人格障碍的形成，至少起到了推波助澜的作用。

教师鼓励学生当然没有错。但是，教师不能一味地这样做，不能盲目地这样做，不能只顾教学的短期效果而不管学生的长期发展，不能只顾鼓励学生为了眼前的分数往前冲，而不顾培养学生潜在的、长期的、健康的心理品质这个发展后劲。教师在鼓励学生力争上游的同时，还必须要教会学生保持平常心，做个平常人。

其实无论是教师还是家长，我们都应该引导孩子懂得，你可能确有出众的才华，你可以因此而得到赞许与荣誉，但是，这些并不能赋予你某种不公正的权力来轻视他人。当你没有如愿以偿超过他人时，也并不意味着你低人一等。你应该懂得人人平等，应该尊重他人而不是唯我独尊，这会减少竞争对你的诱惑，也会减少挫折对你自尊的损伤。

我们还应该引导孩子懂得，你过分膨胀的自我中心观念，来源于童年时父母或其他人对你的过高评价。尽管这不是你的错，但在你的成长过程中，你还是有机会改变那些错误认识的，特别是当你受到批评或遇到挫折时，你要抓住这个成长的机会。

我们更应该引导孩子懂得，你还必须学会爱别人。唯有如此，你才能体会到放弃以自我为中心是一种明智的选择，才能体会到爱可以超越自我，成就人生。

如此，我们就能帮助孩子避免自恋型人格的产生，促进孩子心理健康发展，形成健康的人格。这才是真正为孩子的未来做长远打算。

第 4 节
攻击型人格并不可怕

心理案例：和老师发生激烈冲突

萧山是一个六年级的男孩，最近和老师发生了一次激烈冲突。起因是他的作业写得不好，老师要求他重写，萧山不听，还对老师大发脾气。萧山的这种表现，并非偶然，他已经不是第一次和老师发生这样的冲突了。事实上，他和同学之间也是矛盾不断，动不动就大打出手。学校请来家长，认为萧山可能有什么毛病。家长也感觉确实是孩子有问题。于是，家长就带着萧山来做心理咨询了。

我不禁想，孩子与老师、同学发生冲突，家长适当管教就是了，为什么要带孩子来做心理咨询呢？萧山的人际冲突背后，是否有什么心理障碍呢？

经过沟通，我从萧山的父母口中得知，萧山从小就"拧"，脾气非常大，凡事都得由着他，不由着他，他就和你对着干，就发脾气。因此，萧山从小就经常挨打，可是越打他越不服软，真是让人没办法。萧山对别人也是经常发脾气。记得入学的第一天，他就把教室里的桌子掀翻了。起因是刚进教室他先占了一个座位，出去一趟再回来，别的同学坐在了那个座位上。于是，他就对人家大打出手，最后掀翻了桌子。这个爱跟人发生冲突的毛病，似乎随着年龄的增长越来越严重了。

看来，萧山存在明显的人格问题，具有攻击型人格特征。

那么，萧山的攻击型人格是怎样形成的呢？

随着与其父母的进一步沟通，我了解到，萧山出生于两代单传的家庭，对于萧山的出生，三代人的关注程度可想而知。再加上萧山是不足月出生，更使几代人怜爱不已，真是千般疼爱、万般呵护。于是，萧山成了全家的"中心"，一家几代人围着萧山团团转，特别是萧山的爷爷奶奶，对萧山的要求几乎没说过半个"不"字。于是，萧山从小就学会了发脾气，稍不顺心就大哭大闹。可全家人非但没有想着纠正他，反而对孩子更加百依百顺了，只是总说"这孩子脾气真大"。

等到父母意识到问题的严重性时，孩子已经不服管教了。没办法，妈妈就对萧山动手，可是越打孩子越是跟家长对着干。最后往往还是大人先住手休战，孩子反倒成了常胜将军。于是，"孩子越打越拧"这句话又成了挂在大人嘴边的话。

就是在咨询会话的过程中，萧山的父母也是把"孩子脾气大""越打越拧"挂在嘴边，说了无数次。

萧山的问题再一次证明了，出在孩子身上的问题，根源往往在成人身上，在家庭教育，特别是早期教育的失误上。

首先是早期过度溺爱和娇宠，让萧山从很小就形成了强烈的自我中心倾向。如此以自我为中心，怎能容忍父母的管教呢？于是，萧山就以对抗"还击"父母，而且还会将这种倾向展露在与他人的交往中，对他人进行攻击。

再有，萧山稍大后父母动辄打骂的攻击行为，一方面让受娇宠惯了的孩子感到心理严重受挫，诱发了其攻击行为；另一方面给孩子提供了最直接的榜样，使孩子易于对此类攻击行为进行模仿。而且，随着孩子逐渐进入青春期，心理年龄特征使其攻击行为更加强烈。如果不及时调整，还有可能发展成直接以打骂"回报"父母。

此外，还有一个重要的家教失误，就是萧山的家人把"不听话""脾气大""越打越拧"之类的话挂在嘴边，反复地说给孩子听，对孩子起到了一种强烈的暗示作用：我不听话，我脾气大，我越打越拧。孩子常常是按照父母的评价发展的：总说孩子不听话，孩子就会越来越不听话；总说孩子脾气大，孩子的脾气就会越来越大。这在心理学上叫作"标签效应"。

就是这诸多原因的共同作用，让萧山形成了攻击型人格。这便是萧山对老师、同学、父母大发脾气的心理根源。

沟通至此，萧山的父母深有领悟，都流下了悔恨的泪水。他母亲说："以前就觉得是我们家长有问题，可不知道问题出在哪儿。今天全明白了，您说得太准确了。都怪我们没有教育好孩子。我们以后该怎么办呢？"

原因既明，解决办法也就随之清晰了。

经过沟通，我与萧山的父母达成了共识：一是要纠正孩子的自我中心倾向，使孩子回归家庭的正常地位；二是要消除对孩子的负面评价，多给孩子正面评价，利用积极的标签效应，给予孩子正向指引；三是要停止打骂孩子，增进沟通，从根本上改进亲子关系。这样，正常的亲子关系模式就会逐渐迁移到其他人际关系上去，孩子的攻击型人格特征也就逐渐化解了。

我和萧山进行了多次交流，萧山表示，自己也很后悔，现在也知道了和老师大发脾气是自己不对，回去准备要向老师道歉。其实自己也很无助，不知道该怎么控制自己。我教了萧山一些自我控制的方法，萧山表示自己会努力学会控制自己，不再和爸爸妈妈对着干，不再气他们，不再对老师、对同学乱发脾气，要做一个好孩子。最后，我、萧山的父母与萧山"拉钩"，三方立下君子协定，相互监督。

从后来的反馈信息来看，萧山的家里没有再爆发"亲子战争"，萧山在学校里也没有再出现以前的问题。我知道，萧山正在逐渐恢复健康，开始了正常的发展。

与读者共同深入探讨

攻击型人格，以行为和情绪具有明显冲动性为主要特征，是青少年常见的一种人格。

具体来说，通常有以下特点：1.意志力薄弱，情绪急躁易怒，容易冲动，难以自控。2.行动鲁莽，有攻击性和盲动性。3.冲动的动机是有意识的。4.行动反复无常，行动之前有强烈的紧张感，行动之后会体验到满足或放松感。5.心理发育不健全、不成熟，经常心理不平衡。6.容易产生不良行为和犯罪倾向。

上述特点可以说是主动攻击型人格障碍的表现。此外，还有一种被动攻击型人格障碍。后一种情况，虽然不会表现出对人的主动攻击，却被动对抗、顽固执拗、不服管教。一旦条件适宜，被动型就会转变成主动型。萧山的情况就是这样，兼有主动和被动两种情况，对父母、老师是不服管教，对同伴就敢大打出手。如果任其发展下去，对成人也会有主动攻击行为。

攻击型人格障碍产生的原因，主要有以下几个方面：

一是生理原因。有些攻击行为有其生理基础。比如，小脑成熟延迟、传递快感的神经道路发育受阻，因而难于感受和体验愉快与安全，从而产生了攻击行为。另外，攻击行为还与人体内分泌有关。

二是心理原因。首先是心理年龄特征。进入青春期的男孩，特别热衷于对男子汉角色的认同和片面理解，因此，他们会在同龄人面前，特别是在有异性在场时表现出较强的攻击性，以证明自己是一个男子汉。此外，自卑的人如果以冲动、好斗来作为心理补偿，其行为也会随之表现出较强的攻击性。再有，遭受挫折是导致攻击行为产生的一个重要原因，所受挫折越大，他们越可能出现攻击行为。

三是家庭原因。一般来说，孩子的攻击性与家庭教育有较大关系。被父母溺爱的孩子往往个人意识过强，受到限制就容易采取"还击"；专制型的家庭，儿童常遭打骂，心理受到压抑，长期郁结于内心的不满情绪一旦爆发出来，往往就会是较为激烈的攻击行为。同时，家长的攻击行为，也给孩子提供了一个模仿的榜样。

四是社会原因。武打、凶杀等小说影视，也容易引起缺乏分析能力的青少年的认同模仿，社会上"老实人吃亏"的观念等，也会助长青少年的攻击行为。

面对孩子身上可能存在的攻击型人格特征，我们可以做什么呢？

首先，我们应该有所意识。这个案例告诉我们，当孩子之间中发生冲突或打架等攻击性事件时，我们不能只想到破坏纪律、违反守则、品行恶劣等，我们还要从心理学视角分析，孩子是不是存在攻击型人格特征。

其次，我们可以有所行动。比如，我们可以依据孩子的年龄特征和性别特征来进行分析，让我们的日常教育教学工作更有针对性，从而预防和化解孩子的攻击型行为。再如，我们可以深化家校共育，做好辅助工作。我们还可以针对个别孩子，做好心理辅导，必要的时候还可以介绍孩子进行心理咨询。

第5节
"幼稚"的退行行为

心理案例：一个见"鬼"的女孩

这天晚上我值班。10点多钟，熄灯铃声已经响过了，校园一片寂静。

突然，心理咨询室的门被敲响。我心中一怔：谁？这么晚了，情况一定不妙！正在我猜想之际，一个高中男孩和两个女孩已经站在了我的面前。男孩十分焦急、十分害怕地告诉我："晚自习下课后我讲了一个鬼故事，没想到吓坏了旁边的一个女生，她又哭又闹，浑身发抖，她说她怕，说她看到了鬼……"

两个女孩更是害怕："马老师，她这是怎么了？您快去看看吧！她吓得在宿舍里一个劲儿哆嗦……"

我随他们快步走去，脑子的转速比脚步还快——快速地做着可能的推测。

来到宿舍，只见一位女教师紧紧地把那个女孩搂在怀里，说她比刚才好多了。经过初步交谈，我知道了她叫小丽。于是，我让她从老师的怀中出来，并让同学们各自去做自己的事。很快，宿舍恢复了平静，她也开始准备睡前的洗漱了。片刻之后，她说："老师，您去休息吧，我好多了，没事了。"我见她平静了下来，便说道："既然你现在不怕了，那马老师就先走了，好吗？"女孩点头，我也感觉没什么问题了，于是对她的同学和老师做了一下交代就离开了。此前我特意嘱咐，谁也不要再围着她、劝慰她，更别把她搂在怀里，她不会有事的。如果有什么问题，明天可以再和我联系。

回来的路上，我并没有停止思索。小丽的表现是在潜意识里运用一种叫作"退行作用"的心理防卫机制。那么，小丽究竟为什么会出现退行行为呢？

第二天早上，小丽班上的团支书来找我："马老师，小丽今天平静多了，她昨天是怎么回事呀？可不可以请您为小丽做一下心理咨询。"

"当然可以，只是心理咨询最好是自己主动来访，你们可以提示一下。"我解释说。

几天之后，一个女孩推开了心理咨询室的门："马老师，我来找您了，我是那天晚上的小丽。"

"噢，是你。"小丽比那天晚上精神多了，我几乎认不出了。

我简单跟她说了一下有关退行行为的猜想之后，问："马老师知道你心中一定另有故事，可以讲给马老师听听吗？"

"我总希望做一个完美伟大的人。"她说，"可是我很笨，我什么都不行，一点也不出色，我总是怕。我怕考试考不好，怕老师跟我谈成绩，怕家里问分数，怕同学们都比我强，怕自己毕不了业，怕自己的脑子坏了，到后来还怕人类要打仗，怕地球要毁灭，怕世界没有了太阳……"

我笑了，不是嘲笑，而是因为我找到了她产生退行行为的根源。经了解，她在班里的成绩排名至少算中游，考个本科是一点问题也没有的。可是，由于她过分追求完美、自律过严、自我期望过高，她无视了自己很不错这一基本事实，彻底丧失了自信、丢失了自我。这是很痛苦的事，没有什么比这更让人害怕、恐慌的了。于是，她如履薄冰，每天都战战兢兢。而这种心灵的重负又不好向谁诉说，不断地积聚在心、越积越重。而人总要寻求宣泄的时机，以维持心理平衡。于是，就有了听了鬼故事后的退行行为，因为只有老师和同学的关爱，才能使她的心理得到暂时的平衡。

找到了病根，就可以对症下药了。

在后来的两次咨询会话中，我们谈了很多，小丽终于破除了盲目的完美主义，走出了自我期望过高的心理误区，守住了一颗平常心。

平常心是每一个人都需要的。但平常心不是让人无所作为，而是让人以一种平和的心态，去努力发挥潜能、创造成功。除此之外，人还需要自信心。于是，为了给小丽更好的心理支持，我请来了小丽的班主任和团支书。与她们沟通了小丽的近况后，我了解到小丽能写能画。于是经过协商，班主任和团支书决定把小丽吸收到团支部的宣传组，负责班级小报和板报的誊写、作图工作。

大约是期末的时候，学校举办了班级小报的展评。团委邀请我们心理健康中心的工作人员参与评选。正当我为同学们创办的色彩缤纷的小报赞叹不已的时候，一张小报报头上副主编的"晓丽"两个字吸引了我。经团委老师证实，这个"晓丽"，就是我曾经接待过的那个小丽。啊，果然是她！我想起了小丽最后一次咨询会话告辞时脸上的那个笑容。我想，小丽现在的笑容一定更加灿烂了。因为她不仅有了一颗平常心，更有了自信心。

与读者共同深入探讨

所谓退行作用，就是指人在遭受外部压力和内心冲突不能处理时，借退回到幼稚行为使自己获得安慰的一种心理防卫机制。

人在长大以后，应付事情的方式会变得比较成熟。比方说，小孩一遇到不如意的事就痛哭流涕，而成人则会强抑悲痛，甚至强颜欢笑。就是说，成人既要考虑到什么是社会可接受的行为方式，也要考虑反应的有效性与合适性。可是，有时人们在遇到挫折后，会放弃使用比较成熟的适应方式，而恢复使用原先比较幼稚的方式去应付。比如，成人在受到惊吓时也会失声叫"妈呀"，也会哭得"像个孩子"。这就是退行作用或称退行现象。人难免有想重新回到未成熟时代，以重温旧梦获得满足的时候。但是，人又总要找一个似乎"合情合理"的机会。吓人的鬼故事，便是小丽表现退行行为的一个"最合适的"机会了。

正如上文所说，小丽出现退行行为的根源是她过分追求完美、自律过严、自我期望过高。时刻苛求"万无一失"，怎能不生出许多心病来呢？

然而，这难道只怪孩子自身吗？或者，只怪家庭吗？只怪学校吗？只怪社会吗？教师是否也应该负一部分责任呢？不少教师，以督促学生提高学习成绩为目的，在日复一日的"教育"中给学生施压；怀着"促进学生发展"的美好动机、"变压力为动力"的良好愿望，不断"帮助"学生追求完美，攀升新高，使学生背负上一重又一重的压力。教师是否该扪心自问一句，心灵之树一定要在巨石重压之下才能茁壮成长吗？

所以，教师应当戒之慎之，努力为学生创设轻松、有趣的学习环境，减少学生的退行行为，维护学生的心理健康。

第 6 节
培养双性化气质的度

心理案例：同学说我有点儿"女孩气"

这是一个男孩心灵的困惑：

"我是一个18岁的高中男生，一个困惑最近缠绕着我。不知从什么时候开始，我身边的同学都取笑我，说我有点儿女孩气，像个女孩子。这让我非常痛苦。

"其实，我自我感觉没有什么不正常的，也不乏男子汉的气概，只是有点儿心思细腻、多愁善感。我看电视时会为主人公的遭遇落泪，做事考虑得比较周到，有时候喜欢和女孩子一起谈笑。这有什么不好的呢？我不认同片面地把粗犷，甚至是匹夫之勇当成男子汉的标志。难道男子汉就都应该如同李逵一般吗？

"我善解人意，也很受大家欢迎。我知道同学们也没有什么恶意。但是，一句'像个女孩子'还是给了我不小的压力。您说，我的自我感觉对吗？我应该坦然接受自己的性格吗？"

与读者共同深入探讨

男孩的问题，实质涉及一个性别气质特征问题。

近年来，心理学界有人提出了"双性化气质"概念，认为有男女双性化气质的人，往往同时具有男性气质和女性气质的心理特征。心理学家还制作了一套心理测验量表，以测定男女双性化气质，并且，他们对此问题还做过专门研究。

男女双性化到底好不好呢？心理学家的研究结论是，具有男女双性化气质的人在很多情况下会表现得更出色。因为，具有男女双性化气质的人在心理特征上，往往占了男性气质和女性气质两个方面的优势。至少，在心理特征上具有男女双性化气质的人没什么不好。如此说来，男孩具有了双性化的气质特征，是应该感到欣慰的。

在回答男女两性为什么始终在相互寻找，不可遏止地想要结合为一体的问题时，一位哲人有过解释，大致的意思是：很早的时候，人都是双性人，身体像一个圆球，一半是男一半是女，后来被从中间劈开了。所以每个人都竭力寻找自己的另一半，以重归于完整。我们也许以为这是幼稚的戏言，其实有着深刻的寓意：无论是男性气质还是女性气质，孤立起来都有缺点，都会造就"片面的人性"，结合起来便优势明显，有利于人性的健全。当然，两性气质的区分是相对的，从本原上说，它们并存于每个人身上。一个刚强的男人也可以具有内在的温柔，一个温柔的女人也可以具有内在的刚强。一个人越是蕴含异性气质，在人性上就越丰富，在人格上就越完美。哲人的寓言与心理学的结论不谋而合。

美国某心理学家曾对两千余名儿童做过调查，发现了一个非常有趣的现象：过于男性化的男孩和过于女性化的女孩，不仅其体力和性格的发展大多不尽如人意，而且智商、情商都较低。具体表现为综合学习成绩不理想，偏科现象严重，缺乏想象力和创造力，遇到问题时要么缺少主见、要么固执己见，同时，难以灵活自如地应付一些小挫折、小变故。相反。那些兼有温柔气质的男孩或兼有阳刚气质的女孩，却大多发展全面、受人欢迎。而且据追踪研究发现，兼有"两性之长"的男女成年后，在社会生活中占据优势地位的比例较大。

随着时代的发展，我们不必再固守传统的、定型化的性别角色模式，而应给具有男女双性化气质的人多一些宽容和肯定。男女双性化气质并不会妨碍男孩成为一个好男人、女孩成为一个好女人。正是为了顺应男女双性化气质理念的新潮流，目前许多发达国家，已经开始流行起了一种崭新的家庭教育模式——双性化教育。

在这个双性化气质特征的问题上，我们孩子应该怎样面对呢？

首先，我们在观念上不宜将气质特征区分过清。不少特征，如热情活泼、独立自主、坚韧不拔、富有责任心、善解人意、无私善良等，是男女都须具备的，应指导孩子兼收并蓄。

其次，我们要鼓励孩子向异性学习。不论男孩女孩，都应在发挥自己的性别优势的同时，注意向异性学习，克服自己性格上的弱点，促进身心的全面发展和人格的完善。比如，男孩应多多学习女孩的细心、善于表达和善解人意，女孩则应多多学习男孩的刚毅、坚强和勇敢。

再次，我们要增加男孩女孩接触的机会。孩子需要在自然的接触中向异性学习，我们应为他们提供相互交流、共同活动的机会。而且，在鼓励他们与异性交往的时候，必须顺其自然，切忌威逼强迫，不然只会适得其反。

最后，我们要避免孩子走向极端。我们应该鼓励孩子向异性有"分寸"地学习，避免男孩变成"娘娘腔"，女孩成为"假小子"。如若不把握好这个学习的"度"，所得的结果便会与我们培养双性化气质特征的初衷背道而驰。

第六章

读懂异常心理：帮助孩子破除心障

第 1 节
装病是一种心病

心理案例：总要证明自己是病人的男孩

赵聪是个初三男孩。

一年前赵聪就开始闹病了，家长带着他四处看医生，可医生也没查出他有什么问题，每次只是开点营养剂，赵聪吃完就继续闹病，毫无好转。眼看就要中考了，这可怎么办才好？父母无奈，只能带他做起了心理咨询。有病医生看不出？这究竟是怎么回事呢？

以下是赵聪的故事：

赵聪从小就聪明伶俐，三四岁开始学英语，五六岁开始学书法，各种幼儿兴趣班没少上。小学的时候，赵聪的成绩很好，尤以语文作文为佳，各种作文比赛获奖次数数不胜数。小升初时，赵聪考入了全省最好的一所中学，到了学校又被分到了重点班。

上了初中后，赵聪给自己定的目标很高：我一定要考班上前3名。

可是没想到,第一次考试赵聪就考砸了。其实也不差,班里排名十几。可这在赵聪看来就是考砸了。因为这次考试,赵聪开始变得有些神神叨叨,家长有时都会怀疑,他是不是有什么心理问题了。

初二第一学期的期末考试前,赵聪得了重感冒,发烧、头痛、脑子发晕,但赵聪还是坚持参加了考试。本来家长以为这是一个好信号——孩子热爱学习。可没想到,就是这一次感冒之后,赵聪就开始闹病了。先是闹失眠,说睡不好觉,后说脑袋疼,说自己脑子不好使了。家长赶紧带他去做检查,还做了核磁共振,可没有查出任何问题。

其实,那次期末考试赵聪考得挺好的,还拿了奖学金。可这个结果也没能让赵聪"痊愈",他反而越来越怕考试了。

在这种恐惧心理的影响下,赵聪考试成绩一路下滑,甚至连平时最拿手的作文也"不会写"了。同时,赵聪的病症也更多了。除了闹失眠、脑袋疼,还开始闹肚子疼。只要一上学、一考试,就拉肚子。赵聪甚至都不想上学了。这可把赵聪的父母吓坏了,一个尖子生,怎能不上学了呢?

暑假里,家长把赵聪转回了老家的一所学校。但是,赵聪的病症有增无减,每天不是脑袋疼,就是肠胃不好受,再不就是心里不舒服。而且,他对学习没有了当初的热情,对自己没有了信心,早晨迟迟不起床,起来了也不去学校。父母感觉,孩子的心陷入了迷茫。这让家长的心也陷入了迷茫。

迷茫中,家长只能带孩子继续看医生。可无论看哪位医生，诊断结果都是一样——没问题。最后一位医生听说赵聪总是情绪不好，就给他开了一些抗抑郁的药。赵聪也很配合，甚至可以说很愿意吃药，很愿意当病人。

就这样，赵聪吃了一年的抗抑郁药。结果不但症状没有缓解，而且整个人好像都没有了朝气、没有了生命力，在病里越陷越深，走不出来了。最后，经过权威专家诊断，赵聪只是情绪低落，根本没有抑郁症。

在了解情况的过程中，我发现赵聪完全把自己当成了一个病人，他总是说："我就是有病，马老师，我的病该怎么治呀？"还有一个细节，他反复说："就是那次重感冒，要不是那次重感冒，我也不会病成今天这样。"

我鲜明地感觉到，他随时随地在为自己找理由，总希望能证明自己是病人。

这是怎么回事呢？

与读者共同深入探讨

没病的人，为什么总想证明自己有病？为什么总想躲"进"病里不出来？为什么总想当病人呢？

或许有人会说，这不就是装病吗？这样说，其实并不对。

从心理学角度来看，没病闹病，这叫作扮演病人。扮演病人，在心理学上叫作"躯体化现象"，就是指人在遇到难以面对的生活困境时，在潜意识作用下，会将心理压力转换成某种躯体症状。这是人在进行自我心理防卫，以减轻内心的痛苦和焦虑。人的自我心理防卫机制都是建立在潜意识中的，是在不知不觉中启动的。扮演病人是无意的，是潜意识的活动，而装病是有意的，是思想意识里的活动。所以他们不是在装病，而是在扮演病人。通俗来说，就是心病表现在了身体上。

人的身心有着很奇妙的互动关系。一旦人心理上有了闹病的需要，躯体往往就会配合，从而出现种种症状，出现躯体化现象。不仅如此，有时候还会真的出现躯体疾病。也就是说，有时候我们的身体会为了逃避某些生活困境或心理压力而真的生病。

这个"病"，是人的一种需要。人的心灵总难免有需要暂时避难的时候，闹病正好可以满足人的这种需要。这就是闹病的心理学原理。

心病表现在身体上，具体容易发作于哪个部位呢？这就看哪里需要有病了。通常是，哪里需要哪里病。比如说，需要用脑子的人，往往是脑子闹病；需要用腿的人，往往是腿闹病。

赵聪之所以要证明自己有病、要扮演病人，就是因为遇到了难以承受的心理压力，有了闹病的需要。赵聪的压力来自"班上前3名"的目标，可以说都是考试名次惹的祸。由于目标缺乏现实性、难以实现，随着考试的临近，压力与日俱增。对于一路成功的尖子生来说，如何面对？如何承受？人的心理压力到了一定程度的时候，会自发地选择逃避困境，可现实中又无路可逃。于是，他开始闹病了。而且，由于他是学生，需要用脑，所以，他的心病就跑到了脑子上。

赵聪就是找到了"那次重感冒"的机会，才会开始频繁闹病。其实，不言而喻，所谓机会不过是一个借口、一种托词。就算没有"那次重感冒"，他还可以找到别的"机会"。总之，需要闹病的时候是不愁找不到"机会"的。

心病表现在身体上，还会得到平时得不到的一些"附带好处"，比如家人的关心、师长的问候、同学的关怀等。而最明显的一个附带好处就是，考试名次下降，学习状态不好，父母也不会追究和责难。这些附带的好处，又会强化赵聪扮演病人的反应模式，让他躲进病里不愿出来，以至于要不断证明自己有病。可见，这种附带的好处实际是害处，会使心理问题不能得到及时调整，给人的身心健康带来长期的消极影响。

那么，如果孩子身上出现这个问题，我们该如何帮助他们呢？

一是认知调节。就是通过沟通交流，促使本人确信，躯体化现象实际上不是病。从而促使孩子本人不再扮演病人，勇敢面对自己的现实问题。心理咨询中，很多成功的案例就是青少年本人在看清自己的问题后，坚决不再扮演病人、顽强自救的结果。

二是行为调节。就是促使本人积极行动起来，哪怕确实出现了一些症状，也要坚持学习，不逃避生活。除了本人要积极自救之外，还需要家人的配合。比如，当事人出现症状时不再给予特别的关心，而应在他们表现正常时，及时给予关注和鼓励，确保调节的有效性。

第 2 节
自我防卫的"失忆症"

心理案例：忘记了所有跟学习有关的事

方华是个13岁的初一男孩，高高大大的。可是，有一天他忽然闹起了一种怪病，把全家人都吓坏了。

这是怎么回事呢？

那是方华刚升入中学后不久的一天早晨。父母提醒方华该起床准备上学了，方华却愣愣地回答："上学？上什么学？上学干什么？"父母以为他说梦话："这孩子，都是中学生了，怎么还说梦话，快起来吧，整理好书包，要不上学该晚了。"可方华还是愣愣地说："什么书包？我哪里有书包？书包是什么？"

这时，父母才发现孩子早就已经醒来了。不过，他好像脑子坏了，说什么都不知道，什么都想不起来了。不过随后父母又发现，方华忘记的都是学习上的事：忘记了自己是中学生、忘记了自己的学校、忘记了同学、忘记了老师、忘记了所有跟学习有关的事。

这下，可把方华的父母吓坏了。妈妈开始抹眼泪，爸爸也有点六神无主了。父母赶紧把方华送到了医院，看了脑内科，又看了神经科，都没有检查出什么问题。这让方华的父母心里更没底了：孩子到底是怎么了？

通过进一步沟通，我逐渐了解到了事情的缘由。

方华没有上过幼儿园，从小是奶奶带大的，是奶奶唯一的孙子，在家受尽宠爱。

从方华背起书包的那天起，全家人对方华就怀有很高的期望，"好好念书，考个好大学"几乎成了父母的口头禅。可是，父母越是期望高，方华越是出问题——隔几天就闹病，考试之前闹得尤其严重，不是头疼，就是胸闷，再不就是肠胃不好，后来干脆是浑身难受。每次闹病看医生，都检查不出什么问题。更让人莫名其妙的是，只要一回家，那些症状就会立刻消失。就因为方华总是闹病，父母都不敢再说"考个好大学"了，但心里对方华的期望，并没有降低。

第一次月考之后，老师找家长谈话，说方华有进步，希望家长配合，好好督促孩子学习，争取考个好高中。父母听了很欢喜，回家就和方华谈话、给方华加油。方华的劲头也很足，表示自己一定会好好学习，争取期中考试再创新高。

就在这时候，"猪流感"传染病流行起来了，学校每天都会为学生测体温。方华因为体温总是偏高，被要求居家休养，一个月没能上学。后来，传染病流行期过去了。可是，方华却再次闹病不肯上学了。原来是为了身体健康居家休养，不上学就不上学，反正还能在家里请老师辅导。可是现在……总不上学

219

怎么行呢？

这一天晚饭后，全家人一起给方华施压，虽然言辞温柔，"攻势"却很猛烈，爸爸说完妈妈说，爷爷说完奶奶说，说来说去，中心意思就一个：不能不上学。

方华感到再也找不到退路了，终于同意了明天去上学，而且说完就到自己的房间去整理书包和学习用具了。可是，一家人还没来得及高兴，方华就在房里晕倒了。爸爸妈妈赶紧把方华搀扶起来，送到了医院，大夫看了说没什么事，休息一晚就好，父母这才安心。

可让人万万没想到的是，第二天早晨方华起床后，就出现了开头吓人的一幕。

方华的问题，其实就是心因性失忆症的表现。

心因性失忆症是一种选择性的反常遗忘症，是由于心理压力和精神创伤而产生的选择性失忆。具体来说，心因性失忆症的特征主要有三：第一，原因是心理性的。患者虽然丧失了对过去经验的记忆，但并无生理上的症状，失忆现象是由心理原因引起的。第二，内容是选择性的。与因车祸等而丧失记忆不同，心因性失忆往往是有选择性的遗忘，比如，只忘记了某一方面的事情，只忘记了某一时段的事情。第三，发展是阶段性的。心因性失忆都是阶段性的，持续的时间从一两天到几个月不等，过一段时间通常都能恢复正常。

就方华的症状看，是典型的心因性失忆症。首先，选择性是显而易见的，他忘记的都是学习方面的事情。其次，阶段性也非常明显，来访的时候，方华已经有所恢复了。至于心理性的诱因，更是不言而喻的。

方华心因性失忆的直接结果就是躲过了入学后的第一次大型考试，而且可以每天不上学、不写作业。总之，不用面对学习的压力了。

面对压力，我们都难免逃进病里。但是，一直不肯从病里"出来"的，确实不多见。方华为什么会这样呢？

从前面的故事中我们可以看到，病根在家庭、在家庭教育的失误上：一方面是爱，爱护过头；另一方面是压，压力过大。爱护过头导致的结果，是孩子的心灵难以成长，会形成退缩、退行、回避等人格特征。这些人格特征在学习生活中的表现就是见困难就怕、就躲、就逃。压力过大导致的结果，是让孩子"放大"困境。也就是说，越是怕，越是感觉困难；越是感觉困难，越是怕、越是想逃。

前面我们已经知道了，心因性失忆通常都能恢复正常。这个恢复过程，基本上是一个自然恢复的过程。所以，一般不必采取医学治疗手段，或者说，医学治疗也没有什么好办法。心病还需心药医，重要的还是当事人和家人积极进行心理调节。

一是缓解现实压力。如果现实压力有所缓解、适应能力有所改善、生活环境有所转换，心因性失忆就可以获得缓解，甚至完全恢复。所以，如果了解当事人的心理压力所在，我们首先是要帮助当事人减压，心理疏导、心理宣泄、转换环境、提升能力，都有心理减压作用。

二是增强心理素质。不论怎样，承受压力总是不可避免的。所以治疗心因性失忆更重要的是增强个人心理素质，使当事人学会直面生活，学会应对压力。在平时的生活中，我们应对当事人加强心理辅导，使其增强心理素质，帮助当事人重塑良好人格，引导当事人直面生活中的困境和压力。在出现症状后，更需要为当事人做好心理支持和心理疏导工作，当事人一旦心理上可以直面现实问题了，失去的记忆也就可以恢复了。

三是巧用事件重演。有的心因性失忆，可以通过事件重演来帮助当事人恢复记忆。所谓事件重演，就是重复当初导致当事人遭受精神创伤的事件，这样会激活当事人相关的记忆。这个事件重演，常常在自然状态下就会发生。比如，一个偶发刺激恰好与当初的情境相关联，就可能激活相关记忆。必要的时候，可以求助专业人员引导进行事件重演，还可以采取催眠疗法来帮助当事人恢复记忆。

针对方华的情况，我主要从前两种方法着手，帮助其走出困境。

咨询治疗后不久，就有好消息传来了：方华的记忆已经完全恢复，开始了正常的学习生活。

与读者共同深入探讨

人在无法承受某些打击或压力的时候，潜意识里就会采取一些保护措施来进行自我心理防卫。心因性失忆症，实质上就是一种自我心理防卫机制，是一种自我逃避，也是一种自我保护。由此可以说，心因性失忆，与其说是想不起来，不如说是不愿意想起来，从而让心灵免于面对困境或压力。

具体来说，心因性失忆症的心理原因有三个：

一是生活压力。这个压力可能是持续性的，比如学业或事业上的压力，也可能是突发性的，比如突发的家庭重大变故。

二是人格特征。有些人会比别人更容易出现心因性失忆，比如有表演型人格、退行型人格、回避型人格的人。

三是心理素质。这样的人心理脆弱，自我防御体系的阈值较低，难以抵御心理压力和精神打击，遇到困境就容易产生心因性失忆症。

就方华的情况来说，他从小学开始就经常闹病，出现躯体化现象。那时候，方华确实也通过闹病而成功避难——逃避了上学和考试。闹病，成了他心灵的避难所。

但是，到了初中后，方华却不能通过闹病来避难了——尽管他在家休养，全家人还是会不断敦促他去上学。这让方华感觉自己尽管逃进了病里，还是逃避不了来自学校和考试的压力，他感到无路可走了。

怎么办？逃进了病里还不能避难，自我心理防卫就只有一条路了，那就是变傻，变得什么都不知道。于是，方华逃进了心因性失忆症里。因为失忆可以更好地逃避困境，更好地避难。这种情况下，心因性失忆症就成了方华最后的心灵避难所。

平常说"眼不见心不烦"，心因性失忆却是连"心"都"不见"了：心里什么都不想，什么都不知道。于是，方华成功避难，完全远离了烦恼，不用再去面对学习和考试压力了。

很明显，孩子出现这类心因性失忆，以及其他相类似的心理障碍，往往根源于学习压力过大。孩子的学习压力过大，当然不能全怪老师，但是，老师显然也难辞其咎。

前面的案例中，在方华出现心因性失忆后，为了化解方华的心理压力，老师做了积极调整，这是应该肯定的。但是，我们也看到，当初老师因为方华有所进步，便联系其家长，希望对方华有所督促，这一举动无形中给方华制造的压力，也是方华产生心理障碍的一个诱因。

由此说来，对孩子中出现的这类心因性失忆，以及类似的心理障碍，我们教师与家长都应该有所了解。而且，还应该掌握一定的方法帮助孩子进行调节。如我在上文中所列出的三种方法，就很有参考借鉴的价值。

第3节
由"师"而来的瞌睡

心理案例：一天到晚总想睡觉

瑞天是个8岁男孩、小学二年级学生。他本来好好的，可是最近却突然生病了。主要病症是睡不醒，一天到晚总是犯困，总想睡觉，睁不开眼睛，走路摇摇晃晃的，甚至要人搀扶。父母带瑞天跑了很多医院，都没有检查出什么问题。家长实在弄不清这是怎么回事了，只好带瑞天来到了心理健康中心。

为了进一步了解瑞天，我们先做了初步交谈。

令人奇怪的是，眼前的瑞天给人的感觉很正常，行动、谈话、意识，都很正常，也不是一副睡不醒的样子。他的母亲也为此感到奇怪。

既然都很正常，为什么又闹病呢？瑞天的"睡不醒"究竟是怎么回事呢？

安置好了瑞天后，我与孩子的母亲进行了单独交流。

瑞天的母亲介绍说，瑞天开始出现"睡不醒"的症状，是在一个多月前。那天放学后，家长忽然发现瑞天一副睡不醒的样子，也不看电视了、也不玩了，晚饭后上床就睡着了。开始，家长以为是孩子累了，就睡觉了，也没在意。可是后来瑞天睡觉的频率越来越高，睡眠时长也是不断增加，甚至在吃饭的时候都瞌睡得厉害，筷子也拿不住、饭碗也端不稳。慢慢地，瑞天开始走不好路，摇摇晃晃、迷迷糊糊，家人怕他摔倒就总去搀扶。可越是这样，他似乎就越严重。这可把父母急坏了！孩子这是怎么啦？

"瑞天还有别的连带症状吗？心理诊断需要多方面了解情况。"交谈过程中我这样问。

随着沟通不断深入，瑞天的母亲忽然说："对了，还有就是害怕。本来这个孩子就胆小，自从闹病后就更胆小了。晚上一个人不敢睡觉，必须有人陪着才能入睡，连去卫生间都要人陪着，好像心里有什么害怕的事似的。我们带孩子去了很多家医院，都查不出来问题。我们感觉孩子就是在家里瞌睡严重，到外面就好一些。马老师，您说孩子到底是怎么回事？这阵子真把我们急死了……"

现在我可以初步诊断，瑞天的问题不是躯体疾病，是心病，是心病表现在了身体上。

那么，瑞天到底有什么心病呢？

沟通中，瑞天的母亲想起一件事来。就在瑞天发病的前一天，在教室里，一个同学回头想抄瑞天的作业，瑞天不让他抄，就抬手用力地挥了一下手臂，没想到手上的铅笔碰到了同学的眼睛，同学大哭起来。瑞天是个胆子很小的男孩，当时就吓坏了。随后同学的家长来了，带着孩子去了医院。班主任老师也很着急，把瑞天叫到了办公室，大声呵斥他："你看，把人家的眼睛弄坏了，你爸爸妈妈要给人家治，万一治不好我看你怎么办！"瑞天感觉自己闯了大祸，整个人都吓傻了。很幸运，那个同学的眼睛并无大碍，很快就好了。这件事慢慢也就过去了。瑞天从来没敢跟父母说起这件事，父母还是听老师说了才知道的。而且后来每每父母提起这件事，瑞天都表现得十分抗拒，仿佛特别不想听到这件事。

这件事与瑞天的病有关吗？不仅有关，而且可以肯定地说，这就是瑞天的心病根源。瑞天闹病，用心理学的话来说，是一种自我心理防卫机制，是运用了鸵鸟策略。

据说，鸵鸟被敌人追赶而难以逃脱时，会把自己的头埋进沙里。把头埋进沙中，就什么也看不见了；看不见了，也就暂时逃避了心灵的痛苦。人有时候也会这样。人在遇到自己难以面对的心理困境时，为了使心灵免受太大的痛苦，心理上会采取种种方式来回避眼前的困境。由于这和鸵鸟面对困境的对策差不多，于是，心理学家们就把这种自我心理防卫机制叫作"鸵鸟策略"。

瑞天误伤同学眼睛的事件，让他感觉自己闯了大祸，对一个8岁的孩子来说，这实在太可怕了，这就使他的心灵陷入了困顿之中。怎么面对呢？平时，当人们感到心理压力过大的时候，确实会容易犯困。睡觉，确实是一个暂时逃避困境和压力的不错的办法。瑞天就是在潜意识里启动了这样的心理机制：突然闹病了，睡不醒了。躲进睡梦里，就没人能够再向他提起

227

那次误伤事件，他的心灵也就暂时免除了痛苦。这岂不是很像鸵鸟应付困境的举措吗？但是，这并不能真正解决问题，误伤事件留在他心里的恐惧并未消除。所以，瑞天依然感到害怕。

在瑞天闹病的过程中，家长的过度关注、带他反复就医等，又成了强烈的心理暗示。一方面让瑞天陷进病人角色难以自拔，沉溺于扮演病人；另一方面让瑞天得到了"意外的好处"，那就是家人、亲友的呵护与照顾，进一步强化了瑞天的症状。这也是瑞天的病症在家里表现得更严重的原因所在。

沟通至此，瑞天的母亲长长地呼了一口气："孩子没病我就放心了，那现在我们该怎么办呢？"

我的建议是：第一，权当没有闹病这件事，停止带其治疗等一切相关活动，特别是不要总当着孩子的面谈论他的病。第二，消除"意外的好处"，不在孩子出现症状的时候给予关注，包括过度的呵护、照顾、搀扶等。第三，就当初的误伤事件，和孩子在轻松的氛围中把话说开，一方面要肯定孩子怕伤着同学的好心肠，另一方面要帮助孩子正确认识、消除不必要的恐惧。

大约一个月后，瑞天那边传来了反馈信息：瑞天已经基本上恢复了正常。家长介绍说，特别是跟孩子沟通了误伤事件后，瑞天不仅不再睡不醒，也不再那么害怕了。

与读者共同深入探讨

在这个案例中,我们看到,虽然不能说瑞天的心理障碍是老师一手造成的,但是,老师的斥责,显然是导致瑞天产生心理障碍的一个重要原因。这也就是说,瑞天的心理障碍也属于师源性心理障碍。

关于师源性心理障碍,在前面我们已经有过较多的讨论。这里,我们要侧重讨论的是,作为教师,我们该怎样承担自己的责任,发挥教师影响的积极作用,最大限度地避免学生产生师源性心理障碍?

一是要增强职业道德意识。虽然我们这里主要是从心理健康角度来讨论师源性心理障碍,但绝不能排除师德的影响。作为教师,提升自身的职业道德修养,是避免学生产生师源性心理障碍的基本条件。

二是要增强心理健康意识。首先,我们应对师源性心理障碍这个问题有所认识,意识到教师的教育行为对学生心理健康的影响,对此,高度重视、时刻警醒。其次,我们应尽力充实自己的心理健康知识,以做到"早发现、早纠正"。最后,我们应努力提高自我心理健康水平,做一个心理健康的教师。

三是要强化行为自律意识。在日常的师生互动过程中,我们要谨言慎行,对自己的教育行为,对自己的言谈举止,甚至对自己的表情神态,都应尽最大努力自控、自律,不给学生带来消极的心理影响。

不难想象,如果瑞天的班主任老师能做到以上三点,在误伤事件发生后，考虑到一个低年级小学生的心理承受能力，就不会对瑞天大加斥责，也就可能避免或减轻瑞天的心理障碍了。

也许，师源性心理障碍不可能完全消除。但是，通过自身努力尽力减轻学生的师源性心理障碍，是教师的责任。

第 4 节
"好动"不是"多动症"

心理案例:孩子究竟是不是得了多动症

最近,我又一次接待了父母陪同孩子的来访。

这是一个6岁的男孩,刚刚上小学一年级。为了避免谈话对孩子产生消极影响,我先把男孩安排在了另一个房间,给了男孩一本有趣的儿童画册。然后,我和男孩的父母进行了初步沟通。

男孩的母亲向我诉苦:"我们怀疑孩子有多动症,老师也说我们的孩子有多动症,他上课不专心听讲,总是做小动作。我们也发现,孩子在家里也不专心,很少静静地在那里写作业。为此我们总是批评他,批评他不专心,说他可能有多动症。可是我们越说,孩子学习的时候就越好动、越不专心。您说,我们的孩子究竟是不是得了多动症?"

我必须要了解一个细节,于是问:"孩子做什么事情都好动吗?"

男孩的父亲笑了:"不是的,他看电视动画片的时候,就特别安静,一动不动。"

我也笑了:"那你们是让孩子蒙冤了。"

当我招呼男孩过来的时候,他正在专注地翻看画册,几乎没意识到我的到来。我也更加鲜明地意识到,果然又一个男孩蒙冤"多动症"了。

与读者共同深入探讨

在心理咨询中,不少朋友求询儿童多动症问题。我发现大家普遍存在一种认知偏差,就是把儿童的好动,误以为是患有多动症。

儿童多动症的症状主要表现为:活动过多、注意力难以集中、情绪不稳定,有的还有一些感知障碍。

多动症的病因有:遗传方面的因素;神经心理学方面的因素,比如,中枢神经系统成熟延迟以及轻微脑损伤等;生物化学方面的因素,比如,中枢神经递质代谢缺陷;社会心理方面的因素,等等。

这些资料大家都可以在相应的科普网页上查到,而我这里想跟大家深入谈的是:儿童好动不等于患有多动症。

由于心理科学的普及,儿童多动症这一概念几乎成了人们的常用语。这不能说是坏事。但是,不少朋友把儿童的好动和儿童多动症画了等号,这就把儿童多动症的外延人为地"加宽"了。事实上,多动症的患病概率是很小的,尽管有些孩子的确很好动，很像多动症，但并非就是多动症。

那么，除了患有多动症之外，造成孩子好动的因素还有哪些呢？

一是年龄特征。中小学生年龄小，活泼好动是他们的天性，是再正常不过的事。这也是孩子和大人的一个明显外在区别。反之，小小孩童像个大人似的沉稳不动，反倒是个令人担忧的事。

二是气质特征。人的气质有不同的类型，有一种类型叫作多血质。多血质的孩子的明显特点就是：活泼好动，情绪不稳定，注意力和兴趣容易转移，做事常常不够专心。而且年龄越小，气质类型的特征就越明显。

三是智力特征。人的智力是有差别的。有的孩子的智商确实会明显比一般孩子高出一截。这样的孩子和一般的孩子在一起上学，教学内容就会让他们"吃不饱"，学有余力。这些多余的精力该在何处消耗呢？孩子自己难以安排。于是，就常常表现为不注意听讲、活泼好动，时间一长就会让人误以为他们患有多动症。

四是学习障碍。有些孩子可能是知识上有了较多的缺漏，失去了学习的兴趣和信心，因而面对课本和作业难以集中注意力，总想做点儿别的事情。

五是教养习惯。还有些孩子会因为从小教养失当，养成了不能安静的习惯。习惯一经形成是很难改变的，于是，也常常表现为多动。

六是标签效应。人的行为常常会按照自己期望的方向发展。通俗来说就是，你认为自己是个怎样的人，你就很有可能成为怎样的人。孩子呢？更是如此。只是孩子往往十分信奉成人对自己的评价。也就是说，成人认为他们是个怎样的人，他们就很有可能成为一个怎样的人。就是这样，他们常常会以实际行动来"证实"成人对他们的评价是有根据的。因为他们还不知道自己究竟是怎样一个人，成人的评价往往会左右他们的自我认知，于是他们就很容易朝着成人评价的方向发展。这里，成人的评价如同一个标签，所以心理学上把这种现象称为"标签效应"。就是说，有些孩子的类似多动症的表现，是由成人不经意间的评价"培养"出来的。

我们怎样区分儿童的"好动"和儿童多动症呢？

一是有无目的性。好动的儿童的活动是有目的的、有序的；多动症儿童的活动是无目的的、混乱的。二是有无离奇性。好动的儿童即使特别淘气，他们的"动"也并不离奇，能为人们所理解；多动症儿童的多动，则离奇得让人难以理解。三是有无选择性。这一条最关键。儿童的"好动"常常在活动内容和场合上具有选择性，比如，在学习活动中表现为"好动"，而在看电视或做游戏等自己感兴趣的活动中，则能专心致志；多动症儿童的"多动"在活动内容和场合上是没有选择性的，不论什么场合、什么活动，都不能使其安静下来，都会表现出多动、注意力不集中等症状。

从前面的案例不难看出，如果我们能够正确认识多动症，如果我们能够正确对待孩子学习中的好动，孩子也就不至于蒙冤了。

第 5 节
强迫症的心理困扰

心理案例：听到小鬼人反对的声音

一个来访的女孩，向我讲述了一个有点莫名其妙的心灵故事：

"我是个高二女孩，很长时间以来，我都感觉自己心理有病，真的，有一种非常奇怪而可怕的病，让我非常痛苦。

"从我小时候说起吧。我父母一生都非常非常努力，但是境遇一直不好。从小他们就不断教导我：'你一定要努力，一定要努力。'我知道，父母就是希望我出人头地，所以给我起名叫'超群'，就是要我一定要超过别人。

"就这样，从小学到初中，我非常非常努力，父母也很满意我的成绩。记得初中的时候，我考试成绩总是名列前茅，而且还当上了学生干部，还担任了学校合唱队的指挥，每年都被评为三好学生。可以说，那是我最辉煌的时候。

"可是，到了高中之后，过去的风光不再，过去的辉煌不再。最可怕的是，我的考试成绩也下降了，只能在中游挣扎。我不是不努力，而是到了高二，我看不到自己的进步，慢慢地失去了方向、没有了热情，心里一片茫然。我感觉我的生活没有一点儿乐趣，甚至感觉学习也没用，总是会想，学习好有什么用？名列前茅又有什么用？于是，我对学习成绩也不在乎了，别人爱说什么就说什么吧，我真的不在乎了，真的！

"可是，我有时候又会想，自己怎么能放弃学习呢？所以我还是坚持着，还是努力着，还是上课瞪大眼睛听老师讲课，下课紧张地写作业。可是，更痛苦的事情来了，我发现我上课听不进讲了，作业也写不下去了，内心总是有一个小鬼人跟我对着干，总是跟我说一些反对的话。比如，我一想到要好好学习，那个小鬼人就会跑出来说：'你别好好学习了，好好学习有啥用'；我一想到要努力，那个小鬼人就会跑出来说：'你别努力了，努力有啥用'。每次都是这样，那个小鬼人的声音一出现，我就非常痛苦、非常害怕，就想消灭它、想轰走它。可我越是这样，那个声音越是清晰，那个小鬼人越是张牙舞爪。这个小鬼人太可怕了、太邪恶了、太折磨人了，我简直要被它战胜了。我该怎么办啊？"

心里总有一个"小鬼人"跟自己说反对的话，乍听起来是不是真有点奇怪和可怕？女孩心中的小鬼人究竟是怎么回事呢？根据我的心理咨询经验，我首先稳定好女孩的情绪，告诉女孩不用怕。而后的心理咨询中，我发现女孩的自救意识很强，领悟能力也很好。经过几次心理咨询，女孩心中的小鬼人终于慢慢地不见了踪影。

与读者共同深入探讨

女孩的心理问题属于强迫症状,是一种强迫观念在作祟,具体来讲,是受强迫对立思维的影响。所谓强迫对立思维,就是两种对立的词句或概念,反复在脑中相继出现,让当事人感到苦恼和紧张,如想到"拥护"立即出现"反对",说到"好人"就会想到"坏蛋"等。女孩心中的小鬼人说反对的话,就是这种强迫对立思维的表现,这没有什么好奇怪的,更没有什么可怕的。

心理压力过大就会导致人出现强迫症状。就社会心理因素来说,家庭成员对其要求过严、期望过高,自己学习过分紧张,强烈的精神刺激等,都会使当事人形成心理压力出现强迫症状。就个体心理因素来说,当事人有争强好胜、求全责备、过分细致、期望过高等完美主义的人格特征,也容易出现强迫症状。

很明显,女孩的强迫症状与上面两个因素都密切相关。父母过于期望女孩出人头地,家庭教育过于严格。女孩从小学到初中的成绩,也让女孩形成了过高的自我期望,但是,到了高中却没有了往日的辉煌。这一切使女孩产生了沉重的心理压力,导致了强迫症状的出现。同时,她的强迫症状还有一层心理意义:女孩之所以没完没了地与这些强迫症状"纠缠",实质是为了逃避压力,也就是以症状的痛苦来掩盖成绩不好的痛苦。至于女孩所谓的不在乎成绩,其实是一种自我心理防卫,也是为了减轻内心的痛苦。就是说,这恰恰表明女孩是个自我期望很高的人。期望越高，失望越大，痛苦越深，就越需要这样的心理防卫：我不在乎成绩。

其实，对立思维是普遍存在的。比如在暑热难耐的夏季，我们会想"就是天再热也要上班"，但是心里会有另一个声音说"这样热的天不去上班才好"。女孩也是这样，一面想努力学习，一面可能又想放松，甚至对自己的努力有过怀疑。这本就是人之常情，不过很多人没有在意过罢了。但是，女孩却认为对立的想法太邪恶、太可怕了，她想要和它斗争、和它对抗，千方百计想消灭它。结果那种对立的想法反而被强化得驱之不散了，于是就形成了强迫对立思维。

明白了上面的道理后，解决的思路也就很清晰了。对于强迫对立思维以及其他强迫观念，消除的办法就是不去消除，也就是顺其自然。正如我们曾经说过的，人的心理活动有一个逆定律——你越是不想让它出现，它越是要出现，你越是要和它斗争，它越是要表现明显。你越是想控制或消灭自己的某些意念，就越会把注意力放在这上面，它便越是会挥之不去。所以，对强迫对立思维等强迫观念，千万不要排斥它，不要总想着克服它，而应顺其自然接纳它，带着它照常去做应该做的事情。如此，强迫观念就会慢慢不消而除了。这个过程是很微妙的，重要的是要付诸实践。

当然，上面的方法只能治标。为了治本，我们还要从调整人格特征入手。就女孩的情况来说，我必须帮助她逐渐重塑自己的人格特征，也就是逐渐淡化她的完美主义人格倾向，消除过高的自我期望，悦纳现实的自我，逐渐使自己拥有一颗平常心。

不难想象，假如女孩身边的成年人能给女孩这样的帮助，女孩很可能就不会出现这样的心理困扰了。由此来看，即便是孩子的某些莫名其妙的心理问题，在做好平时的预防工作上，我们一样可以有所作为。

第 6 节
"遗书"背后的心魔

心理案例：原来是孩子想自杀

这一天，我接待了一位母亲和小女孩的来访。年轻的母亲脸上挂满了愁苦。我意识到，我又将面对一个沉重的家庭教育故事。

果然，孩子的母亲哽咽了起来："我们家在城里，孩子和奶奶在一起。我们夫妇上班的单位离家很远，所以就在单位的宿舍住。那天晚上11点多了，家里一个电话打到了我们单位，我们从睡梦中惊醒，才知道是孩子出事了，要我们立刻回去。当夜我们就赶了回去，原来是孩子想自杀，她在一个本子上写好了'遗书'，写了好多，给爸爸妈妈的，给奶奶爷爷的，给……"

孩子的母亲陷入了痛苦的回忆中，泪水静静地淌了下来："听家里人说，那天，孩子不让奶奶和她睡一个屋子。奶奶听到她给同学打电话说想跳楼，可又怕楼下太脏。又问奶奶，人手腕上的血管在哪里，奶奶还发现她找过刀，我们在孩子的手腕上真的发现了一道划痕。您说说，孩子刚刚12岁，怎么就会这样啊？"孩子的母亲又一次泪水涟涟。

女孩为什么会这样呢？我也在思考这一问题。

待孩子的母亲平静下来后，她又补充了一些情况：

"孩子的爸爸原来就在我们单位的子弟学校里教书，他比较娇惯孩子，孩子从小就在学校里享受了一种特殊的待遇，可能也正因为这样，孩子在学校里不太合群。五年级时，为了孩子能考上重点中学，我们就把她转到了城里更好的学校，由奶奶照顾生活。我们很忙，有时候差不多一个月才能和孩子见个面。奶奶说孩子不听话，有时甚至跟她对着干。

"我们经常给孩子做思想工作，要她好好读书，好考进重点中学，可是孩子却越来越不愿意在城里的学校上学了。有一次，孩子滑倒了，不过没受什么伤，但是孩子就借口腿疼好几天不去上学。还有一次，因为缺交作业的事老师批评了她，她也闹着不愿意去上学，提了好多条件，什么要老师先道歉，等等。后来因为老师是我们很好的朋友，总算帮助我们把孩子又劝回了学校。对了，孩子挺喜欢看书的，她爸爸看过的书随手扔在床上，她拿过来就看，琼瑶的小说她也看了不少。

"孩子曾经和爸爸说过她心理有压力，爸爸也没太当回事。可这次孩子说什么也不愿再去城里的学校上学了，还说想回到我们单位的子弟学校读书。我们怎么做工作都没用，您说孩子到底怎么了？"

问题的答案我心里已经清楚了，通过后续我和小女孩的沟通，又进一步印证了我的判断。

"孩子承受着她难以承受的心理压力呀！"我和孩子的母亲分析说，"其一，孩子从小就没有形成适应环境的能力，面对一个新环境时，孩子会难以克服适应上的困难。其二，大人'考重点'的过高的期望心理，会让孩子背上一个沉重的心理包袱。其三，孩子早已习惯了父母呵护有加的生活氛围，突然让她离开父母，孩子会感觉到难以承受的孤独和无助。每个孩子都想当一个好孩子。面对这一切，孩子一定努力尝试解决过。但是，她的心灵和双肩还太稚嫩。她承受不住了，她要本能地防护自己的心灵。于是，她开始和奶奶发脾气，开始找借口不去上学。当这些都不管用时，她走投无路了，她选择了最后的办法——自杀。所以，看来好像患者是孩子，其实需要医治的是家庭，是家长。就是说，病根是在做父母的人身上。你们觉得呢？"

告辞的时候，孩子的母亲脸上有了笑容："我知道该怎么办了。"

据后来的反馈信息来看，女孩一切平安。

与读者共同深入探讨

这个故事已经过去了，可我还是一直心存忧虑。近年来，中小学生出现自杀倾向的问题确实已经成为了一个让人忧虑的问题。有调查显示：曾有过自杀意念的学生占被调查者总人数的10.9%，曾做好自杀准备的学生占4%。更为可怕的是，中小学生自杀率也在不断上升。自杀,如恶魔的阴影笼罩着人们的心灵,威胁着中小学生年轻的生命。

中小学生的自杀倾向从哪里来呢?

首先是主观内在的原因。

无论外部的条件有多么恶劣,也无论中小学生自杀的直接原因是什么,有一点是可以肯定的:凡是有自杀行为的孩子,他们的心理绝大多数是不健康的。归纳起来,孩子出现自杀倾向的内因主要有这几个:第一,躯体残疾。具有自杀倾向的孩子中,有很大一部分人是身体有残疾,或得了重病乃至不治之症,因而对生活失去了信心的。第二,性格弱点。有的孩子从小非常任性,想用自杀来发泄不满、补偿自尊或吓唬别人,威胁家长满足其要求,从而得到别人的重视和注意;有的孩子容易走极端,看问题绝对化,一旦遇到挫折打击,便觉得承受不了;有的孩子过分内向,容易忧郁,遇到不顺心的事便心灰意冷、意志消沉。第三,心理疾病。比如,现在已经确认,抑郁症患者往往带有自杀倾向。第四,不良行为。吸烟、酗酒、赌博、吸毒等不良行为都有可能使青少年心理发生畸变,最终导致自杀。

其次是客观外在的原因。

导致孩子出现自杀倾向的外部原因,概括起来有这几点:第一,人际关系障碍。可以说,人际关系矛盾是导致青少年轻生的主要外部原因。如果孩子的人际关系比较和谐,与周围的人能融洽相处,就比较容易找到倾诉的对象,内心的种种压抑都会得到缓解。相反,压力难以缓解,就容易走向极端。第二，家庭关系冲突。父母经常吵架、闹离婚，或是偏爱某一个子女，都易使青少年产生自卑、怨恨心理。如果这时候他们再遇到挫折打击，就容易产生厌世心理。第三，生活压力过大。前面案例中的女孩，就是因为感到压力太大了，想要解脱才产生了轻生的念头。就是这样，考试失败、受人恫吓、丢失重要财物、亲人突然去世等打击，以及生活环境的突然变动，都有可能使心理脆弱的青少年难以适应、压力过大、悲观绝望。第四，来自媒体的影响。孩子很容易受暗示，他们的自杀行为具有模仿性。有的孩子就是看了一些带有自杀情节的电视剧，便开始拿自杀来开玩笑，在上面的案例中，女孩也很有可能是受到了小说的影响。当然，我们不能简单地归罪于这些媒体，但是，我们应该对青少年的阅读与观影内容给予足够的重视。

对孩子的自杀倾向，我们不能掉以轻心。为了防止酿成悲剧，我们应该注意做好哪些防范工作呢？

一是要营造健康和谐的生活氛围。让孩子在良好的学习、生活氛围中学会生活，珍爱生命。二是要提升孩子的心理承受能力。在给孩子营造稳定、和谐、舒适的生活环境的同时，不应对孩子过分保护和溺爱，而应该让孩子学会面对生活，提升孩子的心理素质、提升其承受能力。三是要让孩子学会倾诉。我们要指导孩子学会表达自己的内心，可以经常带孩子到一些视野开阔的地带，鼓励孩子放声宣泄。四是要注意了解孩子的心态。孩子的自杀倾向有一个形成的过程，每一个不太正常的行为都有它的前因后果。我们应该注意了解孩子情感上的需要，增进彼此的心灵沟通，及时发现并化解孩子心理的困扰，防患于未然。五是不要给孩子制造过重的压力。应该避免使用那种盲目拿学习成绩和考试分数来"压"孩子的教育方式。六是要注意媒体信息的消极影响。对孩子经常接触的读物和影视要有所了解，要及时给予孩子恰当的指导。七是要求助专业帮助。如果孩子出现了明显的心理疾病，比如抑郁症、焦虑症等，我们应及时带孩子去进行心理咨询或心理治疗，以防产生严重后果。

第 7 节
被误会的爱国心

心理案例：我已经决定，围着坐标原点旋转

一个夏天的早上，校园里一片宁静。突然，校长办公室门外一声"报告"打破了这份宁静。校长惊异地拉开门，一个高中男孩恭敬而严肃地站在门前。男孩庄严而激动地说："校长，请给我开一封介绍信，如果可以的话，我愿用我生命的三分之一去换取俄罗斯博物馆的一个中国印迹……"

校长有点摸不着头脑：这是怎么回事？这个男孩在说什么？校长只好让自己镇定了一下，说："你有什么事吗？想说什么？用笔写下来，可以吗？"

男孩虔诚地接过校长递过来的笔，坐在桌旁。几分钟后，用双手递给校长一篇文章——《我的理想》，上面写道：

"如果可以的话，我愿用我生命的三分之一去换取俄罗斯博物馆的一个中国印迹；如果可以的话，另外三分之一拿去慰藉苦痛者的心；剩下的三分之一，我思索着，是否可以用来做

一些我还没有做的事情,是否能将365天平分……现在,是否有航班一直等着我,我只须您的一封信,信封由您设计,信封内只装一颗炽热的中国心……

"在高中,我的所作所为代表着学校;在他乡,我必将代表中国。现在,我什么都不缺,缺的只是您的一封信……

"现在我决定了,将我生命的另外三分之一放在那苦难的地方,我会把我所有的书籍分给那些没有书的孩子……

"你问我为什么要这样,从我生下来那天起,就注定会这样,因为我决定要兑现我曾立下的誓言。

"我已经决定,围着坐标原点旋转……"

校长不看则已,一看真是得"旋转"了:这个学生怎么了?他究竟要干什么?校长的大脑"旋转"之后,当即请来了家长。男孩被婉言留在了校长办公室。校长一直悬着心陪着男孩,不知男孩一出门会"旋转"到哪里去。

男孩的父母闻讯,更是"旋转"得发晕,他们马上联想到了前些日子的一件事。他们只知道孩子是个内向老实的人,一向踏实念书,成绩也不错,孩子晚上和爷爷奶奶一起睡,很少说心事。但就在前不久的一天晚上,孩子突然和爷爷奶奶说,自己要到大西北去实现自己的理想。当时全家人一头雾水,就担心孩子出点什么事。真是怕啥来啥,现在孩子真出事了。

男孩见到家长,也说不清自己到底是怎么回事,家长更听不懂孩子的那些话是什么意思,只觉得颠三倒四、云里雾里。校长和家长初步沟通后,有了共同的担忧:孩子是不是精神病?是不是得了精神分裂症?要是真的哪天跑丢了可怎么办?

于是,男孩被带回了家,家里不敢离人。男孩越是说自己没病,家长越是不放心。

第二天,家长带男孩去看医生。医生说男孩没什么问题,只是开了一点抗焦虑的药物。三天过去了,男孩不耐烦了,强烈要求上学,说自己没病,只有一颗爱国心。家长还是弄不懂孩子的心思:这孩子到底怎么了?

最后,经人介绍,家长带男孩辗转来访,我也因此知道了上面的故事。

男孩是不是得了精神分裂症或者类似的精神病呢?如果不是,这究竟是怎么回事?这是男孩和男孩的家长最关心的问题。

一般来说,精神病都会出现大脑功能失调,从而导致认知、情感、意志和行为等精神活动障碍。平时人们所谓的"精神错乱",就是指严重的思维混乱、胡言乱语,缺乏对整体事物的感知能力,表情茫然,有时也会处于极度兴奋状态,自知力减退或丧失。这是各种精神病都存在的症状。

上面的故事中,男孩要去俄罗斯、去西北,要去兑现自己的誓言,这究竟是理想,还是妄想呢?男孩究竟是否得了精神病呢?

在我们进行心理咨询会话的过程中,男孩没有出现任何精神障碍的症状,没有任何精神错乱的表现,他思维清晰、语言得体、情绪稳定、举止得当,眼神里流露出的是真诚、智慧和善良。而且上述的故事,主要情节都是男孩自己告诉我的。一个精神病患者不可能如此正常地与人沟通。而且,男孩对于来访是非常主动的，他很希望心理咨询师能理解他、帮助他。这又说明男孩有完好的自知力。这种完好的自知力，这种主动求助的愿望，是排除男孩存在精神障碍的最好依据。因为绝大多数的精神病患者，由于自知力缺乏，都不会主动求助。

心理咨询会话首要的一个功能就是诊断。初步诊断可以证实，男孩没有得精神病。其实，前面医生的诊断已经证明了这一点。

为了进一步确定男孩的问题，接下来，我和男孩进行了意象对话。

我们的心理世界像一座冰山，我们平时所说的思想意识，只是露出水面的那一小部分，更大的部分潜伏在水面以下，叫作潜意识。意识部分已经很复杂、很难让人看清了，而潜意识部分要比意识部分更复杂。但是，意象可以反映人的意识中或潜意识中的心理活动。意象活动不受意志的直接控制，因而能更好地反映一个人的心理。再者，大多数意象的象征意义都极具普遍性。因此，我们可以从意象看到所象征的心理内容，看清我们平时难以看清的真实的心态。

通常，意象对话中想象出来的房子，象征了当事人的心态，所以有"心房"的说法。在意象对话中，不同的人会看到不同的房子，有的富丽堂皇，有的矮小简陋，有的光线昏暗，有的窗明儿净。这些不同的房子，就象征了当事人不同的心理健康状况。比如，我接待过的一个男孩，他所想象出来的房子，里面光线昏暗，到处是灰尘，还有干枯的杂草。从中，谁都能感觉到这个男孩的心理健康状况很差，从专业角度来说，这个男孩有严重的抑郁症状。

那么，现在的这个男孩想象中的房子是怎样的呢？在我们的意象对话中，男孩想象中的房子崭新漂亮，房间里光线明亮，家具整洁干净，气氛温馨，没有任何心理障碍的迹象。我们从中可以看到的，是一颗明朗而纯净的美好心灵。与前面的诊断联系起来看，这进一步证明了男孩的心理一切正常。

现在的关键问题是，我们怎样解释男孩在前面故事中的言行呢？

这时候，我们已经有了较多的交流，男孩也已经完全放松了心情。我请男孩坦率地谈谈自己的想法。男孩伸出手掌郑重地按在自己的胸口上："是他们误会了，是他们不懂我的心，我真的没有病，我就是有一颗爱国心。"随后，男孩解释说，随着自己日渐长大，爱国的心也越来越强烈。前几天，自己在语文课上学的一篇课文提到了我国文物流失国外的情况，激发了他的爱国热情。周末晚上，他又看了一个爱国题材的电视剧，久久难眠。第二天早上他依然激情澎湃，很早便来到了学校，因为没有见到老师，就直接去找校长了。以前自己说想去西北，也是因为看了电视，感觉西北人民太苦了，就想去帮助他们，睡前就情不自禁地和爷爷奶奶说了这个想法。可是，他们不懂他的心，甚至担心他脑子出了问题，担心他得了精神病……

见我听懂了他的话，男孩长长地舒了一口气。

男孩坦诚的诉说，已经对他那些看来似乎莫名其妙的言行做出了清晰的说明。我们从中已经可以清楚知道，男孩想去西北、去俄罗斯，以至于那天早上去找校长开介绍信，都是年轻人满怀爱国情的表现，是年轻人可贵的理想，而不是病理性的妄想。总而言之，男孩没得精神病。

那么，男孩写给校长的信又怎样解释呢？

为了进一步诊断，我们约定了第二次会话的时间，我请男孩带来几篇以前的作文或日记，以及那篇课文。

第二次来访，男孩带来了他们的语文课本。那篇课文是余秋雨的《道士塔》，里面谈到了敦煌文物流失国外的屈辱，其中有两段话尤其打动人心。男孩说，最打动自己的就是那两段话。至于俄罗斯博物馆有中国文物，是老师讲课时谈到的。男孩说，当时在课堂上，自己就深有感触，周末又看了爱国题材的电视剧，于是就激情燃烧了。

这些情况，让我们进一步看清了男孩言行的来龙去脉，进一步理解了男孩似乎怪异的言行背后的心路历程。

剩下的，就是给男孩那令人费解的信做出解释了。

看了男孩平时的作文和日记，我发现这是一个很有文学天赋的男孩。他写的东西语句优美、感情强烈。语言风格与写信的语言风格一致。这样散文化的语言风格，加上写信时饱满的情绪，很容易让人对其精神状态产生怀疑。

我请男孩用平实的语言"翻译"信中的意思。男孩说，自己想换回流失国外的文物，又想帮助贫困地区的孩子，又想好好完成自己的学业，所以有了生命的三个"三分之一"的说法。至于结尾的"围着坐标原点旋转"，是为了以此表达自己的决心坚定不移。其实，不用男孩"翻译"，只要了解了事情的来龙去脉，细心体察，男孩信中的意思也是可以理解的。这与精神病患者所能创作的混乱的语言文字全然不同。

男孩知道我完全读懂了他的心,眼中带着晶莹的泪花,嘴角却露出了笑容。

最后,我们就这个故事进行了交流。男孩说经过几天思考,自己已经懂得了人不能空有一腔爱国情,还要脚踏实地,要学会正视理想与现实的关系。为了实现自己的理想,为了报效祖国,现在,最重要的是要在校园里,踏踏实实地完成好自己的学习任务。

不久后,传来了好消息:男孩已经在校园里安心学习了,一切正常,而且学习成绩还进步了。作为他的心理咨询师,我悬着的一颗心也终于放了下来。

与读者共同深入探讨

青少年应该怎样对待自己的理想?成人应该怎样读懂青少年的心,走进孩子的内心世界?相信前面的案例已引起了我们的深思。

从前面的案例中我们发现,险些被当作精神病的男孩的种种言行,其实都是青少年心理年龄特征的表现。比如,男孩的爱国热情高,理想主义情结重,考虑事情不够理性,说话做事容易冲动、容易情绪化、容易脱离实际、容易异想天开,等等。再如,男孩的语言文字散文化、感情色彩浓烈、语言行为有较多戏剧特征,也是青少年个性心理特征的表现。诸如此类不同于成人的表现,很容易就会被成人认为是出现了精神障碍,甚至被错当成精神病。

为此,在这儿我不妨就精神分裂症的症状为大家做个大致的介绍。

一是思维障碍。患者思维过程缺乏连贯性和逻辑性,其特点是在意识清楚的情况下,患者的言谈或书写的文字,虽然语句、文法正确,但语句之间或上下文之间缺乏内在意义上的联系,缺乏中心主题。交谈时可表现为对问题的回答不切题、对事物的叙述不中肯,使人感到不易理解,这叫作思维松弛;严重时,言语支离破碎,甚至个别词语之间也缺乏联系,这叫作破裂性思维;有时患者会在无外界影响下,思维突然中止,这叫作思维中断;有时患者思维异常活跃并伴有明显的不自主感,这叫作思维涌现;有时患者会用一些很普通的词语,表示某些特殊的、除患者外别人无法理解的意义,这叫病理性象征思维。

二是情感障碍。患者情感淡漠、不协调也是精神分裂症的特征。情感淡漠早期涉及的是较细腻的情感,如对朋友欠关心、对亲人欠体贴等。病情加重后,患者对周围事物的情感反应会变得迟钝,对生活和学习的兴趣减少,甚至对让人非常痛苦的事情,也表现出惊人的冷淡,最后甚至可能断绝与周围环境的情感联系。同时,会出现情感反应与环境不协调,与思维内容不匹配的情况。患者可能会为琐事而勃然大怒,或含笑叙述自己的不幸遭遇,后者被称为情感倒错。

三是意志障碍。患者的活动量减少,缺乏主动性,行为变得孤僻、被动、退缩,即意志活动减退。患者对生活、学习及劳动的要求减低，如不主动与人往来，无故旷课或旷工等。严重时对生活亦缺乏基本要求，如患者不注意卫生，长期不洗澡、不理发，终日无所事事，呆坐或卧床。部分患者的行为与环境不匹配，如吃一些不能吃的东西，如肥皂、污水，伤害自己的身体等，这也被称为意向倒错。

四是出现幻觉和妄想。患者会出现幻觉和妄想，其内容大多荒谬、脱离现实。在精神障碍的症状里，最常见、最典型的症状就是妄想。妄想是一种病态信念，不符合事实，自己却坚信不移，不能以其所具有的教育水平与社会背景来解释，也不能通过摆事实、讲道理来说服。妄想的内容与个人的切身需要密切相关，比如有被迫害妄想的人，总以为有人要加害自己；再如有嫉妒妄想的人，总以为配偶有外遇，对自己不忠诚，等等。

五是自知力缺乏。自知力是指患者对自身的异常或病理状态的认识能力，即觉察或认识到自己的疾病的能力。由于缺乏自知力，患者往往不愿意主动求治，不认为自己有病。精神病患者，通常都存在这个症状。

当然，我们不可能替代心理医生或精神科医生。但是，我们对精神障碍的症状表现有个大致的了解，既能防止把精神障碍错当成心理问题，延误了治疗的时机，也能防止把心理问题错当成精神障碍，让孩子蒙冤。

在教育实践中，我们常常抱怨孩子不懂我们的心，其实，更多的时候是我们不懂孩子的心，用孩子的话来说，是白天不懂夜的黑。因而，孩子的心灵陷于迷茫的时候，我们束手无策,甚至可能帮倒忙,让孩子陷得更深。

我们也许不一定能具备丰富的心理健康知识,也许不能进行很专业的心理辅导,比如对于精神分裂症的诊断,比如对于意象对话的操作。但是,我们一样可以走进,或者至少是走近孩子的内心。

那么我们该怎么做呢?

只要少一些自以为是、少一些武断专行,只要多一些细心体察、多一些交流沟通,我们就能向孩子的心灵世界走近一步。比如,前面的案例中,如果教师和家长能够做到耐心沟通、用心交流、细心体察、会心倾听,就不难读懂男孩的心。这一点再怎么强调都不为过——我们不一定要具备丰富的心理健康知识,但是我们可以也应该具备必需的耐心和细心。

如果我们能耐心、用心、细心地对待孩子,那么即便某些孩子确实出现了精神障碍,我们也可以及时发现端倪,及时和心理医生联系,及时促成专业诊治。

第 8 节
神奇的"白日梦"

心理案例：男孩女孩的梦想莫名其妙

一个女孩这样讲述她心中的故事：

"从小我就爱看书。读小学六年级的时候，我无意中接触到了那些言情小说、武侠小说，并很快就迷上了它们。这本来不是什么坏事，但是我竟然由此幻想出了一个并不存在的世界。在那个世界里，我是一个美貌、有钱、武功高强、冷酷无情的女人，有虐待人的嗜好。我还想象出了一个各方面条件极佳、爱我至深的男人，作为我的虐待对象。我会用各种残酷的方法虐待他，而且我会想象得很逼真、很细致。每次我想到这些虐待的情节时，我都会感到很兴奋、很过瘾。除此之外，我还会想象出许多情节去完善、延续这个我幻想的世界。

"以前，我只有刻意去想的时候，这样的情景才会在我脑海中出现。可是，现在我只要一闲下来就会不由自主地想象起来。我对幻想的世界产生了极大的依赖。开始我并不觉得这种依赖有什么不好。可到了现在,我发现自己变得神情恍惚了。好几次,同学向我借东西,重复了好几遍我才回过神来。上课我想听讲,注意力却无法集中,脑子里总是在编造故事。我很懊恼,很想忘记那个幻想的世界,但它就像一个幽灵般始终缠着我,而我正是那个幽灵的制造者。我这是怎么啦?我该怎么办?"

一个男孩这样讲述他心中的故事:

"我是一个初中男孩,在班里,我的学习成绩和人际关系都不错,老师和同学都很喜欢我,我也很喜欢他们。我比较内向,平时不爱说话,很喜欢看小说、看那些介绍外国风土人情的文章。我常常梦想着自己能够出国留学,到我喜欢的欧洲生活。可是,最近我常常会对自己说:'别做梦了,你根本就不可能到国外去,你也就配在家里待着,别再胡思乱想了。'就是这些想法,让我失去了快乐。现在我发现自己对什么都不感兴趣了,甚至对我最喜欢的文章也不屑一顾。我痛恨自己的这种想法,但是没有用。我不敢把这种想法告诉父母。请您告诉我,这是为什么?我该怎么办?"

与读者共同深入探讨

缠着女孩的那个幽灵是什么?让男孩痛苦的那种想法是什么?那便是我们平常说的"白日梦"。从心理学的角度来看,所谓白日梦,是指人在非睡眠的状态下产生的,高度自我的,超越现实、打破时空界限的一种幻想活动,是一种普遍存在的心理现象。所谓"非睡眠状态下产生",是说它虽然不是在睡眠时,却也不是在人很清醒的时候发生的。在这样的幻想活动中人的意识有轻度模糊,又未混淆现实与幻想,仍能对客观现实做出适当反应。正因此,才把这种幻想叫作"白日梦"。

白日梦似乎很"偏爱"少男少女。因为少男少女心中有太多太多的愿望,而由于年龄、知识、能力等的局限,使他们心中的这些愿望难以变成现实。但是,他们心中的愿望并不会因此而销声匿迹,而会始终强烈地在心中涌动着。

在这种心理冲突之下,少男少女们该怎样满足自己内心的愿望,怎样缓解心理冲突、维护心理平衡呢?做白日梦便是最好的选择。

在梦中,他们自由自在、为所欲为:可以把自己幻想成白马王子,或是幻想成白雪公主;可以幻想成救世英雄,或是幻想成现代超人;当然,还可以把自己幻想成运动场上的健将、竞赛场上的冠军、领奖台上的主角。无论具体的角色如何,反正都是胜利者、都是成功者。于是,在现实生活中不能满足的愿望在梦中得到了满足:丑陋者成了美人,懦弱者成了勇士,落后者跻身前列,失败者找到了成功……

所以,白日梦是一个美妙的世界,对人的心理和生活具有一定的积极意义。一是具有心理趋同作用。白日梦中的角色,通常是做梦的人在心理上认同的一个目标,这个目标可能是具体的,也可能是泛化的。不管怎样,这个目标都会通过"趋同作用"转化为个人行动的动力。二是具有心理激发作用。白日梦可以激发青少年对未来的向往和憧憬,激发他们心中的希望和信心，促使他们为实现目标而努力。在艺术活动中，白日梦还能激发人的艺术创作灵感。三是具有心理自慰作用。人的欲望是没有止境的，人的梦想不可能全部成真。对于那些不能实现的愿望，人可以借助白日梦，在幻想中获得满足。做白日梦时人会感受到愉悦，从而获得心理自慰，实现心理平衡，起到心理保健的作用。

但是，白日梦又会变成一个可怕的世界，处理不好，也可能酿成人生悲剧。如果以白日梦完全取代现实生活中有意义的行动，并把它变成逃避现实的手段，那就是一种病态心理了。一味沉溺于白日梦之中，是一种心理退缩的表现，是一种退行行为。如果青少年过分沉迷于虚幻的白日梦不能自拔，任凭虚无缥缈的梦境主宰自己，那么，白日梦就会像毒品一样，吞噬掉他们的青春和理想。试想，一个人总是沉迷于梦境之中，还怎么能在现实世界立足呢？

上面故事中的女孩，就是在白日梦的世界里走得太远了。她很可能是一个内向而软弱的女孩，不善于交往、有人际方面的"空缺"。而且，她很可能在生活中有过受男孩子欺负的经历，以致她对男孩子怀有深深的怨恨。由于爱读那些言情和武打小说，加上正处于多梦的年龄，于是她在白日梦的世界里寻找到了一种替代性的满足，给自己制造了一个"幽灵"，将自己牢牢"缠绕"，形成了强迫观念，出现了心理障碍。

上面故事中的男孩，可能很优秀、很浪漫、好幻想。他会幻想自己在欧洲生活的情境，这并没有什么不好的。但是，当他沉溺其中，远离了现实生活，对现实生活失去了兴趣和热情的时候，就只能自己品尝自酿的心灵苦酒了。

因此，我们应指导爱做白日梦的少男少女懂得，找个悠闲的日子在白日梦中游历一番，获得心理的满足、化解心灵的压力、寻找心中的希望未尝不可。但是，在入梦之前一定要给自己定时，让自己能及时从梦中醒来，并要专注于现实生活，尽量通过实实在在的努力实现自己的梦想。当发现自己有点沉迷于白日梦的时候，则需要采取积极的自救手段。首要是重塑自己的性格。最好的办法是从改变生活入手。比如，暂时告别富于情节性的小说、影视等，把这些时间用来去感受家庭的、学校的、社会的现实生活。再如，和同学们在一起，说说笑笑、唱唱跳跳、打打闹闹，在积极的人际交往中获得更真实的满足和快乐。当然，更重要的是，务必要从内心深处理解，幻想是不可能替代现实的。

附 录

自检自测,我更懂我

附录 1
考试焦虑测一测

导语：

下面是一套关于考试焦虑的自我测试题。请根据你自己的实际情况，在题目后面记一个相应的字母。如果很符合自己的情况，记A；比较符合自己的情况，记B；不大符合自己的情况，记C；很不符合自己的情况，记D。

问题：

1. 在重要考试开始的前几天，我坐立不安。
2. 临近考试时，我会出现腹泻等症状。
3. 一想到考试，我的身体就发僵。
4. 在考试前，我感到苦恼。
5. 在考试前，我感到烦躁，脾气也会变坏。
6. 在紧张的复习期间，我常会想：这次考试成绩要是很差怎么办？
7. 越临近考试，我的注意力越难集中。

8. 一想到马上就要考试了，我参加任何文娱活动都没劲儿。

9. 在考试前，我总预感这次考试将要失利。

10. 在考试前，我常做关于考试的梦。

11. 到了考试那天，我很不安。

12. 当考试的铃声响起时，我的心马上紧张得像要从身体里跳出来一样。

13. 遇到重要考试，我的思维就比平时迟钝。

14. 考试题目越多、越难，我越感到不安。

15. 在考试中，我的手会变得冰凉。

16. 在考试时，我感到十分紧张。

17. 一遇到难的考试，我就担心自己不及格。

18. 在紧张的考试中，我会想起与考试无关的事情，注意力集中不起来。

19. 在考试时，我会紧张得连平时记得滚瓜烂熟的知识也回忆不起来。

20. 在考试时，我会沉迷于空想之中，一时忘了自己在考试。

21. 在考试中，我想上厕所的次数比平时要多。

22. 考试时，即使不热，我也会浑身出汗。

23. 在考试时，我紧张得手发僵，写字不流畅。

24. 考试时，我经常会看错题目。

25. 在进行重要的考试时，我的头就会痛起来。

26. 发现剩下的时间来不及做完全部考题时，我会手足无措，浑身出汗。

27. 如果考试成绩不好，我就很怕家长或教师会严厉地指责我。

28. 在考试后，我发现能做对的题没有答对时，就十分生自己的气。

29. 有几次，在重要的考试之后，我腹泻了。

30. 我对考试十分厌烦。

31. 要是考试不计成绩，我就喜欢考试。

32. 我觉得考试不应该在这样紧张的状态下进行。

33. 要是不进行考试，我认为自己能学到更多的知识。

评析：

统计你所记各个字母的次数，A得3分，B得2分，C得1分，D得0分。然后累加，算出你的总得分。

总分在0~24分之间属于镇定水平，说明你总是以较为轻松的态度对待考试。但如果你的总分过低，说明你对考试过于不在乎，也是需要改变的。

总分在25~49分之间属于轻度焦虑水平，说明你面对考试心情较激动，有点儿紧张不安。但不必担心，这属于正常的应试状态。低水平的焦虑，说明你的脑细胞都已兴奋起来，准备进行或正进行高效率的工作。

总分在50~74分之间属于中度焦虑水平，说明你面对考试，心情激动得有点儿过度、有些过于紧张不安了。以这样的紧张心情去参加考试，不利于你实际水平的发挥。这时你应该注意调整一下自己的心态,降低一下自己的焦虑水平。

总分为75～99分之间属于重度焦虑水平,必须引起足够的重视。因为你已患上了"考试焦虑症",它会导致你考试失利,学习难以正常进行,心理健康水平也会大大下降。因此,你应找心理咨询人员,采取措施加以治疗。

附录 2
初恋倾向检一检

导语：

下面这个测试，可以帮助你比较清楚地判断自己是否存在初恋倾向，以便主动采取心理对策。下面问题符合自己情况的打"√"，反之则打"×"。

问题：

1. 你是否突然变得特别爱打扮？
2. 你是否常常对着镜子左顾右盼？
3. 你是否总是想添置时髦的衣服？
4. 你的学习成绩是否突然有明显的下降？
5. 你写作业时是否心不在焉？
6. 活泼好动的你是否变得沉默起来？
7. 你是否无缘无故与家人生疏起来？
8. 你是否总从家里往外跑？
9. 你是否变得会红着脸说谎？

10. 你是否变得喜欢一个人躲在房间里？

11. 你是否情绪起伏大，有时兴奋、有时抑郁、有时烦躁不安？

12. 你是否会偷看一些描写爱情的文艺作品？

13. 你是否会对影视中的亲昵镜头特别关注？

14. 你是否喜欢打听男女之间的事？

15. 你是否会偷偷写东西，看到家长又急忙掩饰？

16. 你是否对某个异性的名字特别敏感？

17. 你是否常接到异性打来的电话？

18. 你是否经常收到一些家长不明来路的小礼物？

19. 你是否会偷偷买些小礼物送人？

20. 你是否会在无意间谈起公园、溜冰场等一类的场所？

评析：

统计一下共有几个问题打"√"。很明显，打"√"越多，初恋倾向越明显，打"√"超过半数，则需要引起重视。你虽然不一定开始了初恋，但你的初恋倾向已经很明显了，怎样善待初恋，你该格外留神。

附录 3
人际适应能力验一验

导语：

下面这个心理测试，可以帮助你了解自己的人际适应能力。测试中描述了20种情况，每种情况有3个备选答案。请根据自己的情况选择适合的答案。

问题：

1. 我最怕转学或转班，每到一个新环境，我总要经过很长一段时间才能适应。

    A. 是　　　B. 两者之间　　　C. 不是

2. 每到一个新的地方，我很容易同别人接近。

    A. 是　　　B. 两者之间　　　C. 不是

3. 在陌生人面前，我常常无话可说，并会因此感到尴尬。

    A. 是　　　B. 两者之间　　　C. 不是

4. 我最喜欢学习新知识或新学科，它能给我一种新鲜感，能调动我的积极性。

A．是　　B．两者之间　　C．不是

5．每到一个新地方，我第一天总是睡不好，即使是在家里，只要换一张床，我有时也会失眠。

A．是　　B．两者之间　　C．不是

6．不管生活条件有多大变化，我都能很快习惯。

A．是　　B．两者之间　　C．不是

7．越是人多的地方，我越会感到紧张。

A．是　　B．两者之间　　C．不是

8．在正式比赛或考试时，我的成绩往往不会比平时练习时取得的成绩差。

A．是　　B．两者之间　　C．不是

9．我最怕在班上发言，全班同学都看着我，我的心都快跳出来了。

A．是　　B．两者之间　　C．不是

10．即使有的同学对我有看法，我仍能同他交往。

A．是　　B．两者之间　　C．不是

11．老师在场的时候，我做事总会觉得有些不自在。

A．是　　B．两者之间　　C．不是

12．和同学或家人相处时，我很少固执己见，而是乐于采纳别人的意见。

A．是　　B．两者之间　　C．不是

13．同别人争论时，我常常感到语塞，事后才想起该怎样反驳对方，可惜已经太迟了。

A．是　　B．两者之间　　C．不是

14. 我对生活条件要求不高，即使生活条件很艰苦，我也过得很愉快。

    A．是　　B．两者之间　　C．不是

15. 有时自己明明把课文背得滚瓜烂熟了，可在课堂上背的时候，还是会出差错。

    A．是　　B．两者之间　　C．不是

16. 在决定胜负的关键时刻，我虽然很紧张，但总能很快使自己镇定下来。

    A．是　　B．两者之间　　C．不是

17. 我不喜欢的东西，不管怎么学也学不会。

    A．是　　B．两者之间　　C．不是

18. 在嘈杂混乱的环境里，我仍然能集中精力学习，并且效率较高。

    A．是　　B．两者之间　　C．不是

19. 我不喜欢陌生人来家里做客，每逢遇上这种情况，我都会有意回避。

    A．是　　B．两者之间　　C．不是

20. 我很喜欢参加社交活动，我认为这是自己交朋友的好机会。

    A．是　　B．两者之间　　C．不是

评析：

    上面第1、3、5、7、9、11、13、15、17、19题选A者计0分，选B者计1分，选C者计2分。其余各题正好相反，选A者计2

分，选B者计1分，选C者计0分。然后统计总分。

如果你的总分在31分以上，说明你的人际适应能力很好，面对新的生活，请注意发挥你的优势。

如果你的总分在11～30分之间，说明你的人际适应能力正常，面对新的生活，不用为此担忧，在生活中注意强化优势就是了。

如果你的总分在10分以下，说明你的人际适应能力较差，面对新的生活，需要注意提高自己的人际适应水平。必要的时候，可以寻求专业心理人员的帮助。

附录 4
自信感分值评一评

导语:

自信感是对自己的一种积极的自我感受,是对自己的接受、认可、肯定。它是我们心理健康的支柱。你的自信感如何?请仔细阅读下面30个小问题,理解题意后,按照你的第一反应,如实回答"是"或"否"。

问题:

1. 我想要做的事就一定能做到。
2. 我的观点常与众不同,具有独特性。
3. 我感到身心不易放松。
4. 我常认为我是正确的。
5. 我常思考别人会用什么方式对待我。
6. 我是一个有主见的人。
7. 我的习惯大部分都是好的。
8. 我是一个有才能的人。

9. 我坚信人定胜天。
10. 我在许多方面都比别人强。
11. 我时常自夸。
12. 我认为求人不如求己。
13. 我虽然有明确的目标,但缺乏计划。
14. 我常担心别人看不起我。
15. 我希望别人能多给我一些帮助。
16. 我非常乐于助人。
17. 我觉得社会不大需要我以后想做的那种工作。
18. 我觉得许多人都不怎么喜欢我。
19. 我缺乏安全感。
20. 我坚信天生我材必有用。
21. 我从不自责。
22. 我常常不满足于现状。
23. 我觉得别人无论做什么都比我轻松。
24. 我担心有什么不幸的事会发生在我身上。
25. 我善于与人交往。
26. 我觉得自己容易陷入窘境。
27. 我相信明天会比今天好。
28. 我生活得很充实。
29. 我对未来深感忧虑。
30. 与他人相比,我的精力不足,效率也不高。

评析：

第1、2、4、6、7、8、10、12、16、20、21、22、25、27、28各题回答"是"则各计1分；第3、5、9、11、13、14、15、17、18、19、23、24、26、29、30各题回答"否"则各计1分，各小题分数累加形成你的总分数。

27分以上，说明你很自信，你平时给人的印象是从不自卑，但有些人会觉得你自大。所以对你来说，应防止过高地评价自己。

22~26分之间，说明你比较自信。你很少自卑，做事踏实，常会取得好成绩。

18~21分之间，说明你的自信心应适当增强。

17分以下，说明你的自信心不足，但你的内心总想给他人留下好印象。你需要积极调整，增强自信，必要的时候可以寻求专业的心理帮助。

附录 5
性格倾向判一判

导语：

如果你想了解自己的性格倾向，请进行以下自测。本测验共有50道题，请根据自己的实际情况给出回答。符合的，则把该问题后面的"是"圈起来，难以回答的，则把"？"圈起来；不符合的，则把"否"圈起来。

问题：

1. 我与观点不同的人也能友好往来。　　　　是 ？ 否
2. 我读书较慢，力求完全看懂。　　　　　　是 ？ 否
3. 我做事较快，但较粗糙。　　　　　　　　是 ？ 否
4. 我经常分析自己，研究自己。　　　　　　是 ？ 否
5. 生气时，我总会不加抑制地把怒气发泄出来。是 ？ 否
6. 在人多的场合我总是力求不引人注意。　　是 ？ 否
7. 我不喜欢写日记。　　　　　　　　　　　是 ？ 否
8. 我待人总是很小心。　　　　　　　　　　是 ？ 否

9. 我是个不拘小节的人。　　　　　　　　　　是 ？ 否
10. 我不敢在众人面前发表演说。　　　　　　　是 ？ 否
11. 我能够做好领导团体的工作。　　　　　　　是 ？ 否
12. 我常会猜疑别人。　　　　　　　　　　　　是 ？ 否
13. 受到表扬后我工作会更努力。　　　　　　　是 ？ 否
14. 我希望过平静轻松的生活。　　　　　　　　是 ？ 否
15. 我从不考虑几年后的事情。　　　　　　　　是 ？ 否
16. 我常会一个人想入非非。　　　　　　　　　是 ？ 否
17. 我喜欢经常变换学习或工作内容。　　　　　是 ？ 否
18. 我常常回忆自己过去的生活。　　　　　　　是 ？ 否
19. 我很喜欢参加集体娱乐活动。　　　　　　　是 ？ 否
20. 我总是三思而后行。　　　　　　　　　　　是 ？ 否
21. 花钱时我从不精打细算。　　　　　　　　　是 ？ 否
22. 我讨厌在我学习或工作时有人在旁边观看。　是 ？ 否
23. 我始终以乐观的态度对待人生。　　　　　　是 ？ 否
24. 我总是独立思考回答问题。　　　　　　　　是 ？ 否
25. 我不怕应付麻烦的事情。　　　　　　　　　是 ？ 否
26. 对陌生人我从不轻易相信。　　　　　　　　是 ？ 否
27. 我几乎从不主动制订学习或工作计划。　　　是 ？ 否
28. 我不善于结交朋友。　　　　　　　　　　　是 ？ 否
29. 我的意见和观点常会发生变化。　　　　　　是 ？ 否
30. 我很注意交通安全。　　　　　　　　　　　是 ？ 否
31. 我肚子里有话藏不住,总想对人说出来。　　是 ？ 否
32. 我常有自卑感。　　　　　　　　　　　　　是 ？ 否

33. 我不大注意自己的穿着是否整洁。　　　是 ? 否
34. 我很关心别人会对我有什么看法。　　　是 ? 否
35. 和别人在一起时，我的话总比别人多。　　是 ? 否
36. 我喜欢独自一个人在房内休息。　　　　是 ? 否
37. 我的情绪很容易波动。　　　　　　　　是 ? 否
38. 看到房间里杂乱无章，我就静不下心来。　是 ? 否
39. 遇到不懂的问题我就去问别人。　　　　是 ? 否
40. 旁边若有说话声或广播声，我就无法静下心来学习。
　　　　　　　　　　　　　　　　　　　是 ? 否
41. 我的口头表达能力还不错。　　　　　　是 ? 否
42. 我是个沉默寡言的人。　　　　　　　　是 ? 否
43. 我能很快熟悉新的环境。　　　　　　　是 ? 否
44. 要我同陌生人打交道，我常感到为难。　是 ? 否
45. 我常会过高地估计自己的能力。　　　　是 ? 否
46. 失败后我总是忘却不了。　　　　　　　是 ? 否
47. 我觉得实践比探索理论更重要。　　　　是 ? 否
48. 我很注意同伴们的学习或工作成绩。　　是 ? 否
49. 比起读小说和看电影，我更喜欢郊游和跳舞。是 ? 否
50. 买东西时，我常常犹豫不决。　　　　　是 ? 否

评析：

题号为单数的题目，每圈一个"是"计2分，每圈一个"?"计1分，圈"否"的计0分。题号为双数的题目，每圈一个"否"计2分，每圈一个"?"计1分，圈"是"的计0分。最

后将各道题的分数相加,其和即为你的性格倾向指数。性格倾向指数在0~100之间。由性格倾向指数的数值可以了解自己性格的内向或外向程度。

0~19分　　　　　内向型

20~39分　　　　　偏内向型

40~59分　　　　　中间型(混合型)

60~79分　　　　　偏外向型

80~100分　　　　　外向型

最后我要告诉你,很难说哪一种性格倾向更好,重要的是我们在生活和学习中,应根据自己的性格倾向来选择效率较高的工作方法和学习方法。在可能的条件下,我们还应该根据自己的性格倾向来选择自己最容易适应的职业。如此,你获得成功的概率将会更大。

附录 6
心理健康查一查

导语：

下面是一个帮助你了解自己心理健康状况的测试。测试共有70个问题，你需要对照自己的情况，基本符合的计2分，有点儿符合的计1分，不符合的计0分，不清楚的计0分。回答时不必仔细考虑，要尽快回答。

问题：

1. 如果周围有吵嚷声，我不能马上睡着。
2. 我常常怒气陡生。
3. 我梦中所见与平时所想的不谋而合。
4. 我能与陌生人谈笑自如。
5. 我经常精神萎靡。
6. 我常常希望好好改变一下生活环境。
7. 我不愿意破除以前的规矩。
8. 我稍稍等人一会儿就急得不得了。

9. 我常常感到"头戴紧箍"。
10. 即使周围的声音很小,我也会注意到。
11. 我常常感到哀伤。
12. 我常常思考将来的事情并感到不安。
13. 孤独时,我心烦意乱。
14. 我自认为从未对人说谎。
15. 我常常会因慌张而导致做某事完全失败。
16. 我很在意别人对自己的看法。
17. 我经常觉得自己的行为受别人支配。
18. 我在做以自己为主的事情时,常常非常活跃。
19. 我常常担心发生地震或火灾。
20. 我希望过与别人不同的生活。
21. 我自认为从未怨恨过他人。
22. 失败后,我会长时间颓丧。
23. 我在兴奋时常常会突然神志不清。
24. 即使最近发生了什么事故,我也往往毫不在乎。
25. 我常常为一点小事十分激动。
26. 很多时候天气虽好,我却心情不佳。
27. 工作或学习时,我常常想起什么便突然外出。
28. 我不希望别人经常提起自己。
29. 我常常对别人的微词耿耿于怀。
30. 我常常因为心情不好而感到身体的某个部位疼痛。
31. 我常常会突然忘却以前的打算。
32. 睡眠不足或者连续工作、学习,我都毫不在乎。

33. 我生活没有活力，意志消沉。

34. 我工作、学习认真，有时却有荒谬的想法。

35. 我自认为从没有浪费时间。

36. 与人约定好的事情，执行时我却常常犹豫不决。

37. 看什么都不顺眼时，我常常感到头痛。

38. 我常常听见他人听不见的声音。

39. 我常常毫无缘由地感到快活。

40. 我一紧张就直冒汗。

41. 比起过去我更厌恶今天，常常希望最好出些变故。

42. 我自认为从未对人说过假话。

43. 我往往漠视小事而无所长进。

44. 紧张时，我的脸部肌肉常常会抽动。

45. 我有时会认为周围的人与自己截然不同。

46. 我常常会粗心大意地忘记约会。

47. 我爱沉思。

48. 一听到有人说起仁义道德的话，我就怒气冲冲。

49. 我似乎从没有被父母责骂过。

50. 事态一紧急，我就总是担心时间不够，频频看表。

51. 尽管不是毛病，但我常常会感觉胸口发闷。

52. 我不喜欢与他人一起游玩。

53. 我常常兴奋得睡不着觉，总想干些什么。

54. 尽管是微小的失败，我也总是归咎于自己。

55. 我常常想做别人不愿意做的事情。

56. 我习惯于亲切地与别人相处。

57. 必须在别人面前做某件事时，我的心就会剧烈地跳动起来。

58. 我的心情常常会随当时的气氛发生重大变化。

59. 即使是自己身上发生了重大事情，我也能好像不是自己的事那样思考。

60. 我往往因为极小的胜利而非常激动。

61. 心有所虑时，我的情绪会很消沉。

62. 我认为社会腐败，不管怎么努力也难以改变。

63. 我自认为没有与人吵过架。

64. 经历失败后，再做某件事情时我会非常担心。

65. 我常常有种被什么东西堵住了嗓子眼儿的感觉。

66. 我常常视父母、兄弟如路人一般。

67. 我能与初次相见的人愉快交谈。

68. 我对过去的失败念念不忘。

69. 我常因为事情进展得不如自己想象的那样而怒气冲冲。

70. 我自认为从未生过病。

评析：

按照下面的心理健康自我鉴定记分表，根据"类型号码"把每种类型的分数，按照表中所列的题号横向相加起来，分别填入合计栏中。比如，"类型1"各题的得分分别是：1题2分，8题1分，15题0分，22题0分，29题1分，36题2分，43题1分，50题2分，57题0分，64题1分，则2+1+0+0+1+2+1+2+0+1=10分，这个10分就填在第一类型的合计栏里。其他各种类型依此类推。

心理健康自我鉴定记分表

问题号码	合计得分	类型号码
1　8　15　22　29　36　43　50　57　64		1
2　9　16　23　30　37　44　51　58　65		2
3　10　17　24　31　38　45　52　59　66		3
4　11　18　25　32　39　46　53　60　67		4
5　12　19　26　33　40　47　54　61　68		5
6　13　20　27　34　41　48　55　62　69		6
7　14　21　28　35　42　49　56　63　70		7

心理症状指数的计算：除去第7类型虚构症外，将前6个类型的得分相加，所得分数即为心理症状指数。比如，第一横行合计得分为5，第二横行为2，往下依次为2、1、3、2，心理症状指数则为15。

心理症状指数为32以下的人，心理健康状况良好，没有什么不良症状。

心理症状指数为33～47的人，心理健康状况较好。但某种症状类型的得分如果过高，就要再一次自我检查对应方面的心理健康状况，找出病因再对症治疗。

心理症状指数为48～61的人，心理健康状况一般。要注意调整自己的健康状况，使心理症状指数降到47以下。特别要找出得分较高的症状类型，及时治疗。

心理症状指数为62~76的人，有心理疾病的征兆，最好去做心理咨询，以便进行缜密的分析。在做自我评价时，自我检查一下哪一项症状最严重，以便采取相应的治疗手段，要仔细分析症状严重的原因，并努力改变。

心理症状指数为77以上的人，很可能已经患有某种心理疾病，需要接受心理医生的诊断和治疗。当然你也不必忧心忡忡，重要的是及早发现、及早治疗、积极自救。记住，真正能够帮你恢复健康的人就是你自己。